Ingrid J. Dautel

Ich hole mir mein Leben zurück

Was Kriegskinder, Nachkriegskinder und Kriegsenkel bewegt

Klett-Cotta

Klett-Cotta
www.klett-cotta.de
© 2019 by J. G. Cotta'sche Buchhandlung
Nachfolger GmbH, gegr. 1659, Stuttgart
Alle Rechte vorbehalten
Printed in Germany
Umschlag: Jutta Herden, Stuttgart
Unter Verwendung eines Fotos von © akg-images/Tony Vaccaro
Gesetzt von Kösel Media GmbH, Krugzell
Gedruckt und gebunden von Kösel, Krugzell
ISBN 978-3-608-96442-4

Bibliografische Information der Deutschen Nationalbibliothek
Die Deutsche Nationalbibliothek verzeichnet diese Publikation in der
Deutschen Nationalbibliografie; detaillierte bibliografische Daten
sind im Internet über <http://dnb.d-nb.de> abrufbar

Für Anja
…und für all die anderen Menschen, die mir durch ihre vielen Formen von Liebe gezeigt haben, dass ein anderes Leben möglich ist.

Inhalt

Statt eines Vorworts 11
Einleitung 18

**I Puzzleteile mehrgenerationaler Selbsterfahrungs-
    gruppen: Kriegskinder, Nachkriegskinder,
    Kriegsenkel** 21

  1. »Ich hole mir mein Leben zurück!« 22
     Ein Kriegskind entdeckt die eigene Bedürftigkeit
  2. »Ich helfe lieber euch als mir selbst …« 26
     Beispiele von Parentifizierungen über die Generationen hinweg
  3. »Was einem in den Schoß fällt, ist gar nichts wert« 29
     Die Absolutheit der Leistungsethik auflösen
  4. »Ich habe Angst vor dieser Bewegung zwischen den
     Generationen« 32
     Wie der Krieg weitergeht und befriedet wird
  5. »Dabei könnt ihr Frauen mir nicht helfen!« 36
     Die Suche der Männer nach dem abwesenden Vater
  6. »Wozu habe ich diese Gefühle?« 39
     Den Nebel aus Schuld- und Schamgefühlen lichten
  7. Liebe den/die andere(n) wie dich selbst 42
     Zurück zur Selbstliebe
  8. »Und bist du nicht willig« 46
     Traumatransmissionen unterschiedlichster Gewalterfahrungen
  9. »Das hat mich gestärkt – trotz alledem!« 52
     Resilienzentwicklung und »Traumatic Growth«
 10. »Da ist mir keine Hornhaut gewachsen – im Gegenteil!
     Bei jedem Heimatfilm fange ich an zu weinen!« 56
     Vertreibung und Flucht und ihre Auswirkungen im Alter

II Von den »Puzzleteilen« zur möglichen Ganzheit 62
1. Wie nützt uns der erweiterte Traumabegriff zum Verstehen der drei Generationen? 62
2. Vom Schocktrauma zum Entwicklungs- oder Bindungstrauma 63
3. Traumaspezifische Phänomene verstehen 69
4. Generationsübergreifende Traumatransmissionen 74
5. Es beginnt schon im Mutterleib – seelisches Leben vor der Geburt 77
6. Epigenetik: Die Bedeutung der Gene für die Regulierung des Stresssystems 83
7. Neurobiologische Erkenntnisse 86
8. Die Spiegelneuronen 89
9. Der Einfluss auf die Bindungskompetenz 91
10. Die Eltern-Kind-Psychodynamik: Die Bedeutung der Interaktion 95

III Bausteine mehrgenerationaler Selbsterfahrungsgruppen 102
1. Humanistische Ethik 103
2. Sicherheitsgebendes Setting 107
3. Ermöglichung von Wahlfreiheit statt Gehorsam 111
4. Schonende, Distanz lernende Bewusstwerdung durch Psychoedukation und Imagination statt Retraumatisierung 113
5. Hilfe zur Selbsthilfe 121
6. Traumaverarbeitung durch Resilienzstärkung 122
7. Die Grenzen einer Selbsterfahrungsgruppe und Wegweiser in eine (Trauma-)Therapie 128

IV Was hat sich für diese drei Generationen bisher verändert? ... 132
1. Gewaltfreie Kommunikation und neue Sensibilität ... 132
2. Wertewandel im gesellschaftlichen Spannungsfeld – veränderte Sozialisation ... 136
3. Neue Begegnungs- und Handlungsmöglichkeiten der Generationen: Wie das Puzzle weiter gelegt werden kann ... 146

V Persönliche Lebensläufe aus drei Generationen ... 151
1. Einführung in die biografische Selbstreflexion durch Schreiben ... 151
Exemplarische Beispiele von Gruppenteilnehmerinnen aus den drei Generationen
2. Flucht und Vertreibung ... 153
3. Auswirkungen der Nazierziehung auf mein Leben ... 160
4. Mein langer Weg, erwachsen zu werden ... 164
5. Mir darf es gut gehen – auch wenn ich nicht funktioniere ... 170
Mein Weg zur Selbstakzeptanz

Danksagung ... 177

Bildnachweise/Textnachweis ... 180

Anschrift der Autorin ... 180

Literatur ... 181

Statt eines Vorworts

Gespräch des Psychologischen Psychotherapeuten Johann Linnemann (J. L.) mit Ingrid Dautel (I. D.)

J. L.: Liebe Ingrid, es gibt so viele Bücher auf der Welt, die man gar nicht alle schaffen kann zu lesen, auch zum Thema Traumatisierung ist eine so große Anzahl erschienen. Welchen Sinn macht es, hier noch ein Buch dazuzulegen?

I. D.: Das verstehe ich gut – ich wollte auch kein neues Theorie-Buch schreiben, auch wenn ich ein Kapitel Theorie in meinem Buch drin habe, das den Hintergrund ein bisschen erläutert, sodass eben auch nicht Eingeführte das Thema besser verstehen.

Es ist aber vor allem ein Buch aus der Praxis, das zeigt, wie das sein kann, wenn drei Generationen neu miteinander in Kontakt, in Kommunikation treten. Es ist also gedacht für Menschen, die bisher noch nicht viel mit der Frage zu tun hatten, wie Traumata an die nächsten Generationen weitergegeben werden. Da will ich einen leicht verständlichen Einstieg schaffen für Menschen, die ihren Familienhintergrund und sich selbst darin besser verstehen wollen. Und es ist interessant für Fachleute, die sich für mehrgenerationale Gruppenarbeit interessieren und für mehrgenerationale Themen überhaupt.

J. L.: Also ein Buch aus der Praxis für die Praxis?

I. D.: Ja, das könnte man so sagen. Es ist wohl auch einzigartig, dass in diesem Buch drei Generationen zusammen ins Gespräch kommen: die Kriegskinder, die Nachkriegskinder und die Kriegsenkel.

J. L.: Ist das ein Mutmach-Buch?

I. D.: Ja, genau! Denn diese Generationen haben ja oft in der Ursprungsfamilie nicht miteinander reden können oder wollen. Ich denke da auch an die Nachkriegsgeneration, die dieses Schweigen erlebt hatte und die sich dann zum Teil in der

68er-Bewegung ja auch scharf abgegrenzt hat von ihren Eltern, nachdem sie enttäuscht war über die mangelnde Kommunikation.

Jetzt sitzen da Teilnehmerinnen in den Selbsterfahrungsgruppen, die könnten ihre Eltern sein oder ihre Söhne oder Töchter, und da gibt es heute eine andere Redebereitschaft und auch Redefähigkeit miteinander. Deshalb würde ich schon zustimmen, dass das auch eine Art Mutmach-Buch ist, das zeigt, dass die mangelnde Kommunikation von damals auch verändert werden kann.

J.L.: Das heißt, es hat sehr lange gedauert, wenn man es unter dem Gesichtspunkt der Traumatisierung betrachtet.

I.D.: Ja, das hat sehr lange gedauert, und die Bewusstwerdungsphasen sind auch unterschiedlich intensiv gelaufen: Die Jüngeren waren da zum Teil schneller. Sie haben rascher gemerkt, da ist eine Art Fremdkörper in mir – ich verstehe gar nicht, wie ich manchmal reagiere. Sie haben schnell erkannt, wenn sie sich ihre Eltern vergegenwärtigt haben, dass sie oft so reagieren, wie ihre Eltern hätten reagieren müssen. Zum Beispiel trauert ein Kriegskind-Vater nicht um seine verstorbene Frau und hat Angst vor dem Alleinsein. Seine Tochter erspürt dieses Unbewusste des Vaters, verhält sich entsprechend und hilft ihm, seine Angst zu bewältigen. Das ist alles ein Akt der Liebe der Kinder ihren Eltern gegenüber.

Die Älteren kamen erst später darauf, dass sie doch manches gerne anders gemacht hätten mit ihren Kindern.

J.L.: Kann man davon ausgehen, dass die Traumatisierungen so gravierend sind, dass sie lange Zeit nicht gespürt und auch nicht darüber geredet werden konnte?

I.D.: Ja, es gab lange Zeit dieses »beredte Schweigen«. Die Kinder haben gespürt, da wird irgendetwas totgeschwiegen, aber ich darf da nicht nachfragen. Und das Interessante ist ja auch, dass diese Kinder dann oft eine sogenannte »Stellvertreterposition« einnehmen z. B. für totgeschwiegene Verwandte, eine Art Energieübertragung, durch die ein Kind sich dann mit diesen Ausgestoßenen oder Verstorbenen identifiziert, d. h. deren Rolle einnimmt, da es unbewusst diese wieder zum Leben erwecken möchte.

J.L.: Also gibt es in manchen Familien auch eine Art Dynamik, die versucht, alles wieder »heil« zu machen? Die Toten, die nicht geachtet oder nicht betrauert wurden, stehen ein, zwei Generationen später sozusagen wieder auf?

I.D.: Ja, das könnte man so sagen. Die Kinder machen das ja nicht bewusst, dieses Schwere zu übernehmen, diese Last. Doch sie erspüren den Menschen, über den/die nicht geredet wird, und öffnen ihr Herz für diesen Teil aus der Familie und »übernehmen« das.

J.L.: Weil die Last nur für eine Generation zu schwer war?

I.D.: Ja. Und die Eltern, die Kriegskinder, hatten ja erst einmal diese materielle Aufbauarbeit zu bewerkstelligen und mussten für alles, was vorher war, Bewältigungsmechanismen entwickeln. So hatten sie gar keine Zeit und keine Energie mehr für etwas anderes, zum Beispiel, sich auch noch dem Inneren zuzuwenden.

J.L.: Und die nächste Generation war überhaupt erst in der Lage, weil diese Aufbauarbeit dann abgeschlossen war, da anzusetzen, wo es für die Vorgeneration schon gut gewesen wäre anzusetzen?

I.D.: Ja, die Nachkriegskinder haben das dann »geliefert«, sie haben das ausgedrückt, was bislang im »Nebel« geblieben ist.

J.L.: Jetzt kommt ja noch eine Generation, die der Kriegsenkel, mit ins Spiel? Was passiert da?

I.D.: Wenn bis dahin in der Familie nicht alles gelöst wurde – und die Bibel spricht ja davon, dass das Ungelöste bis ins vierte »Glied« weitergetragen werden kann –, dann tragen auch die Kriegsenkel diese familiäre Last weiter. Zwar mit etwas mehr Abstand, zum Beispiel zum Krieg, aber sie fühlen sich oft nicht frei, beruflich wie privat, und wissen oft gar nicht, was sie wirklich wollen, weil sie noch so loyal an die Familiennormen und -themen gebunden sind.

J.L.: Das heißt, dieses Dunkle, Ungelöste geht weiter? Und da es noch eine Generation später ist, erscheint es noch unklarer, ist es noch schwieriger zu erfassen, was mit ihnen los ist? Und man fühlt gar nicht mehr so leicht den Zusammenhang mit früher?

I.D.: Ja, zum Beispiel fühlen sich manche Kriegsenkel in meinen Gruppen den Großeltern gegenüber noch sehr verpflichtet, etwa in dem Punkt, sich nur über Arbeit zu definieren. Sie merken aber auch gleichzeitig, dass das nicht die eigenen Normen sind, und fühlen sich in einer Zwickmühle, die Erwartungen der Eltern und Großeltern nicht mehr erfüllen zu können.

J.L.: Das ist ja ein weites Feld, in dem man sich auch leicht verlieren kann. Gibt es eine Leitlinie durch dieses weite Feld über die Generationen hinweg?

I.D.: Ich nenne meine Gruppen ganz allgemein »mehrgenerationale Selbsterfahrungsgruppe«. Das Ziel ist, dass alle Generationen es im jetzigen Leben ein bisschen leichter haben, es sich ein bisschen schöner gestalten, das Leben auch genießen können, und sich nicht mehr so sehr belastet fühlen von einer nebulösen Vergangenheit, die wir ja versuchen aufzuhellen. Das würde ich schon als Leitlinie für alle drei Generationen bezeichnen. Sie kommen, um manches besser zu verstehen, aber sie kommen auch, um es im familiären Kontext ein bisschen leichter miteinander zu haben.

J.L.: Das heißt, diese Leitlinie ist auch in dem Buch selbst immer wieder das Thema »Praxis«?

I.D.: Ja, die Teilnehmerinnen kommen ja in die Gruppen und berichten erst einmal über ihre aktuellen Themen, und wir versuchen dann immer wieder, wo dies gewünscht wird, auch einen Rückbezug herzustellen, ob es ähnlich zu dem ist, was die Eltern oder Großeltern gemacht hätten, ob es in Opposition dazu steht oder wirklich frei ist. Es wird also oft wichtig zu erkennen, was hat sich für mich verändert, wo möchte und kann ich es auch anders machen, anders leben?

J.L.: Woran kann man sich da festhalten?

I.D.: Die Linie ist schon die, dass wir in die Zukunft schauen und diese leichter hinbekommen möchte. Einiges, was man von den Eltern, Großeltern kennt, taucht auf, und man überlegt, wie kann ich jetzt den Weg freibekommen. Was möchte ich wirklich?

J.L.: Das klingt ein bisschen wie »Aufräumarbeiten«...

... die Hindernisse der Vorgeneration aus dem Weg zu räumen, vor allem durch bessere Kommunikation miteinander, der Suche nach Gemeinsamkeiten, aber auch nach Unterschieden.

I.D.: Ja, das ist ein gutes Bild für diese seelische Arbeit! Bettina Alberti spricht ja auch in diesem Zusammenhang davon, »seelische Trümmer« wegzuräumen, nachdem die Kriegskinder die anderen Trümmer beiseitegeräumt haben, um zu dem eigenen, wirklich eigenen Leben zu finden. Freiräumen würde ich es auch nennen.

J.L.: Was haben dann die Kriegsenkel noch zu tun, wenn die materiellen und die seelischen Trümmer weggeräumt sind?

I.D.: Ja, was wollen sie mit dieser neuen Freiheit wirklich anfangen? Da kommt oft die Angst vor dieser sicherlich etwas größeren Freiheit mit ins Spiel. Und es gibt noch genügend alte Loyalitäten, unsichtbare Bindungen zu dem, was vorher als »tüchtig« angesehen wurde. Viele Kriegsenkel sind auch mit der heutigen »Multioptionsgesellschaft« überfordert.

J.L.: Das heißt, die ganze Geschichte ist wirklich ein großes Werk, ein großes Projekt dieser drei Generationen, das sich dann praktisch in diesen Gruppen widerspiegelt?

I.D.: Ja, natürlich finden sich hier diese gesellschaftlichen Prozesse wieder, diese Verunsicherungen auch durch die Veränderungen wie Globalisierung, Digitalisierung. Aber man hat auch in der Gruppe solch einen Rückhalt, man sieht, wie gehen die anderen damit um, sodass es dann auch wiederum rückenstärkend ist. Man ist nicht allein mit diesen Angst machenden Phänomenen...

J.L.: Also, sowohl das Buch wie auch diese Gruppen wirken der Angst entgegen?

I.D.: Ja, weil wir eben überwiegend mit dem arbeiten, was schon als positive Fähigkeit da ist, als Ausgleich sozusagen, als Gegenkraft, als Ressourcen.

J. L.: Da fallen mir noch die Ängste der Vorgeneration ein, vor Bombennächten usw.

I. D.: Ja, da waren die Ängste ja Realängste, klar zu fassen. Bei den jetzigen Kriegsenkeln und auch schon bei deren Kindern sind das eher diffuse Ängste, nicht klar zu fassen, die wissen ja oft gar nicht, wo die Angst hingehört in dieser hochkomplexen Welt.

J. L.: Nun gehört zu jeder Praxis ja auch immer Theorie. Gehört zu diesem Praxisbuch auch etwas Theorie?

I. D.: Ja! Es gibt sicher auch Menschen, die das Weitergeben von Traumata an die nächste Generation als Fantasien von Psychologen abtun wollen und erst mal sagen, das könne man alles gar nicht beweisen. Deshalb ist im Buch auch ein Teil enthalten, der in verständlichen Worten erklärt, wie weit diese Traumaübergaben eben inzwischen auch biologisch und medizinisch nachgewiesen werden können.

Auch in den Gruppen wird sehr interessiert zugehört, wenn ich einen Teil mit sogenannter Psychoedukation einschiebe, bei dem ich erkläre, was macht ein Trauma aus, was können Traumafolgen sein? Manche sind hinterher ganz erleichtert, weil sie sich selbst dann einfach besser verstehen in manchen Phänomenen, die sie vorher als »Verrücktheiten« von sich abgetan haben.

Diese rationalen Erklärungen haben also oft eine ganz beruhigende Wirkung, die Menschen schauen freundlicher, milder auf sich selbst.

J. L.: Es gibt also verschiedene Aspekte: Das, was ich erlebe, ist etwas, das mir selbst manchmal fremd ist, und ich erfahre: Ah! Das ist etwas, das ich übernommen habe, etwas Fremdes sozusagen aus der Vorgeneration. Ich bin aber normal, weil ich ja auf dieses »Fremde« in mir reagiere. Und wenn ich eine Generation zurückgehe, kann man sagen, auch die Traumatisierung der Kriegskinder war eine normale Reaktion auf eine furchtbare Kriegssituation mit all ihren Folgen, den sogenannten Traumafolgestörungen, und diese wiederum können Teil eines großen »Lösungswerks« sein aus mehreren Generationen, sich wieder aufzulösen.

I.D.: Ja, lieber Johann, da hast du die Antwort schon selbst vorweggenommen, danke!

J.L.: Krieg ist immer immens zerstörerisch, bis auf die Grundmauern, und die Auswirkungen lassen sich nicht einfach mal schnell »beiseiteräumen«?

I.D.: Ja, genau! Insofern ist es auch nur realistisch, dass sich viele Phänomene so hartnäckig halten über viele Generationen hinweg und auch in den Gruppen nicht sofort aufgelöst werden können, manches bleibt einfach auch so und muss akzeptiert werden.

Aber die Menschen haben durch die Selbsterfahrung und durch andere gemeinschaftliche Projekte, die im vierten Teil des Buches angedeutet werden, auch viel Rückhalt.

Und es gibt neue Ressourcen und Fähigkeiten, die ganzen Hilfsbewegungen wie zum Beispiel die Unterstützung der Flüchtlinge oder die Bewegungen zum Erhalt unserer Erde zeigen auch, dass eine neue, gewaltfreie Art der Kommunikation entstanden ist.

J.L.: Das ist ja immens – es beginnt bei der Zerstörung von Krieg, Verfolgung und all das und endet bei heutiger großer Komplexität auf globaler Ebene und bei Bewegungen, diesen Planeten wieder in Ordnung zu bringen.

I.D.: Ja – da schließt sich der Kreis wieder. Und das kann nur von mehreren Generationen geleistet werden.

Gespräch in Frankfurt am Main am 17.2.2019

Einleitung

»Das Vergangene ist nicht tot; es ist nicht einmal vergangen. Wir trennen es von uns ab und stellen uns fremd.«

Christa Wolf, Kindheitsmuster

Auch wenn es oftmals lange dauert, bis sich verschlossene Seelenkammern wieder öffnen und Licht und Wärme hereinlassen, so ist es nie zu spät, alle Zimmer des »inneren Hauses« kennenzulernen, in neuem Licht zu sehen und mit dem gewonnenen Abstand auch neu zu gestalten – für die Gegenwart und auch für die Zukunft.

Zehn ausgewählte Themenfelder aus vielen Jahren Erfahrung mit mehrgenerationalen Selbsterfahrungsgruppen verdeutlichen im ersten Teil, wie lohnenswert diese Generationen-Begegnungen von Kriegskindern, Nachkriegskindern und Kriegsenkeln für einen veränderten Umgang mit sich selbst und miteinander sind.

Hier werden typische Themen aus dem jeweiligen zeitgeschichtlichen Kontext besprochen von den Auswirkungen der Nazierziehung, Krieg und Vertreibung über Trauma-Übernahmen, Resilienzentwicklung bis hin zu neuer Selbstliebe.

Ich wünsche Ihnen, liebe Leserinnen und Leser, dass sich viele hier wiederfinden können und vielleicht auch eine neue Sichtweise kennenlernen. Vor allem die kleinen, realistischen Schritte der Veränderungen, ob es um die Kontakt-, die Liebes-, die Friedens- und auch um die Konfliktfähigkeit geht, zeigen, wie sehr alle Generationen aufeinander angewiesen sind. Diese gehbaren Schritte geben mir ein großes Gefühl von Dankbarkeit und Demut für die Möglichkeiten, zu einem Seelenfrieden zu kommen, für den es keine Altersgrenze gibt.

Im zweiten Teil wird mit Beispielen aus allen drei Generationen aufgezeigt, wie sich Traumata »fortpflanzen« können in die nächsten Generationen hinein. Vor allem deren Transfer in den Körper wird auf eine verständliche Weise durch neuere pränatale, epigenetische und neurobiologische Forschungen belegt, sodass die unterschiedlichen Traumafolgen bei den Generationen besser verstanden werden können.

Welche Anforderungen sich daraus für angeleitete, mehrgenerationale Selbsterfahrungsgruppen ergeben, wird im dritten Teil erläutert. Mir ist vor dem Hintergrund einer meist autoritären Erziehung besonders wichtig aufzuzeigen, wie Selbstbestimmung und Wahlfreiheit ermöglicht und eingeübt werden können. Selbstverständlich gelten die beschriebenen ethischen Prinzipien auch für andere gesellschaftliche Gruppen, in denen sich Menschen aus allen Generationen für Frieden, Demokratie, Umweltschutz, gesellschaftlich am Rand Stehende und durch einen Beistand für Hinzuziehende (»Flüchtlinge«) engagieren.

Deshalb ist die Entwicklung einer gewaltfreien Kommunikation, die im vierten Teil exemplarisch an den Beginn gestellt wird, nicht nur individuell, sondern für alle diese Bewegungen auch gesellschaftlich von Bedeutung, sollen doch nach wie vor neue – neben alten – Werte im gelebten Leben umgesetzt werden.

Bahnbrechende Veränderungen seit 1945 in Gesellschaft, Politik und Sozialisation werden kurz skizziert, um sie auf ihre Auswirkungen auf die genannten drei Generationen hin abzuklopfen.

Diese »Puzzlelegung« für die Zukunft schließt damit ab, wo sich diese drei Generationen sowie weiter auch die Kinder der Kriegsenkel schon jetzt neu beggegnen: Es erfüllt mich mit Stolz und mit einem wohltuenden Gefühl von Zugehörigkeit zu dieser mehrgenerationalen Menschengemeinschaft, die »Menschenpflichten«, die von Aleida Assmann, der Trägerin des Friedenspreises des deutschen Buchhandels 2018, angemahnt werden, hier schon in berührenden Formen des Miteinanders umgesetzt zu sehen: mit einem gewaltfreien Einsatz für Demokratie, Frieden, Umweltschutz und Mitmenschlichkeit. Ja – wir schaffen das!

Mit biografischen Selbstreflexionen, die weiterhin genährt werden wollen, schließt der fünfte Teil dieses Buch ab: Vier Gruppenteilnehmerinnen aus allen drei Generationen nutzen die heilsamen

Wirkungen des Schreibens auf das Innere: Wie sehen sie die in Teil eins geschilderten Themen nun aus zeitlicher Distanz? Wie haben sie die »Schattenanteile« verarbeitet, wie auch mehr Licht in ihr Leben gelassen? In ihren Ausblicken auf die Zukunft ist das Vergangene als Teil von ihnen mit enthalten, sie trennen es nicht mehr von sich ab, sie stellen sich nicht mehr fremd. Sie sind kompetente, vielseitig resiliente und bewusst lebende Erwachsene geworden. Sie haben gelernt zu trauern und auch wieder mehr Freude zu empfinden.

Viele ihrer vernachlässigten oder misshandelten »inneren Kinder« werden dabei mit an die Hand genommen. Von ihnen selbst.

Ich habe die weibliche Form in der Schreibweise bewusst gewählt. Die männlichen Leser sind mitgemeint.

KAPITEL I

Puzzleteile mehrgenerationaler Selbsterfahrungsgruppen: Kriegskinder, Nachkriegskinder, Kriegsenkel

Das aus dem Englischen stammende Legespiel eines Puzzles lässt sich mit Rätsel oder noch besser mit Geduldsspiel übersetzen, da die einzelnen Puzzleteile oftmals sehr langwierig zu einem Ganzen zusammengesetzt werden.

Bei heutigen, sehr differenzierten Spielen dieser Art kann zum Beispiel unterschieden werden, welche der beiden Seiten der Puzzleteile verwendet oder ob überflüssige Puzzleteile aussortiert werden müssen.

Als größte Herausforderung für fortgeschrittene Puzzlelegerinnen gelten leere silbergraue oder bronzegetönte Flächen ohne Motive, ganz zu schweigen von 3-D-Puzzles oder Happy Cubes.

Ein Puzzle kann man beginnen und jederzeit unvollendet liegen lassen.

Es besitzt klar konturierte Grenzen zwischen den einzelnen Teilen, sodass manche Teilbereiche auch abgekapselt erscheinen von den anderen.

Diese Spiele-Metapher, meinen exemplarischen Gruppensituationen vorausgeschickt, soll die Leserinnen durch den nächsten Teil begleiten.

Inwieweit diese Form ein angemessener und vielleicht sogar typischer Ausdruck für einen Gruppenprozess mit unterschiedlich traumatisierten Menschen verschiedener Generationen sein kann, soll nach der Darstellung einzelner Puzzleteile aus mehreren Gruppen diskutiert werden.

Leserinnen und Leser mögen also bitte keinen kontinuierlich erzählten Gruppenprozess nach den bekannten unterscheidbaren Gruppenphasen erwarten, sondern sich beim Lesen des nächsten Teils auf das gedankliche Experiment einer erst einmal fragmentarisch bleibenden Puzzle-Legung einlassen.

1. »Ich hole mir mein Leben zurück!«
Ein Kriegskind entdeckt die eigene Bedürftigkeit

Dagmar erstaunte mich schon bei den Vorgesprächen zur Gruppe sehr positiv: Damals 79-jährig, schien sie mir in ihrer Vitalität, ihrer positiven Ausstrahlung und mit ihren ungewöhnlichen Aktivitäten ein gänzlich untypisches Beispiel für ein Kriegskind zu sein.

Neben ihrer Mitarbeit in einer »Stolpersteingruppe« (bei der mit Gedenksteinen in der Erde an die verschleppten jüdischen Besitzerinnen erinnert wird), die sie damit begründete, »etwas anders als ihre Eltern machen zu wollen«, hatte sie studiert und ihr Geld immer selbstständig verdient – auch das noch sehr ungewöhnlich für eine junge Frau der damaligen Zeit!

Außerdem betreute sie zu dieser Zeit regelmäßig eine Flüchtlingsfamilie, sagte dazu aber gleich, dass es ihr selbst im Gegenzug schwerfalle, sich helfen zu lassen. Dies zu ändern war denn auch eines der Ziele für die als Jahresgruppe anberaumte Selbsterfahrungsgruppe, die sie zusammen mit mir festlegte.

Weitere Motive für ihre Teilnahme waren Symptome wie Schlaflosigkeit und verschiedene Ängste, was sie vermuten ließ, dass sie »ihre Vergangenheit noch nicht genügend aufgearbeitet habe«, ohne dies damals genauer fassen zu können.

Doch danach gefragt, was denn wohl anders sein könne, wenn sie die Vergangenheit aus ihrer Sicht genügend erhellt hätte, erhoffte sie sich, von den anderen Generationen besser verstanden zu werden als bislang von ihrer eigenen.

Ich ließ das so stehen, ahnte aber schon, dass sie mit ihrer Offenheit und Bewusstheit eine Herausforderung für Gleichaltrige sein musste, zu der auch die von ihr benannte Einsamkeit gehörte. Sie hatte nie in einer festen Partnerschaft gelebt.

Jedenfalls wurde schon vor dem eigentlichen Gruppenbeginn deutlich, dass sie sich auf die Erfahrungen mit den anderen Generationen nahezu freute – auch dies erst einmal eher untypisch für die angeblichen Kommunikationsprobleme ihrer Generation.

Meine damalige erste Hypothese, bei ihr von einem sehr resilienten Menschen sprechen zu können, sollte sich bewahrheiten, doch davon später mehr.

In der sich noch findenden offenen Gruppe mit ihrer Anfangsfluktuation und den entsprechenden Unsicherheiten – wer geht, wer bleibt? – nahm sie zuerst eine großmütterliche »sichere« Position ein und erzählte – wenn überhaupt etwas von sich – schon abgeklärte, geschlossene Handlungen, worin sie weder von der Gruppe noch von mir wirklich Hilfestellungen bedurfte, doch ihr wurde respektvoll zugehört ohne Bewertungen, alles bekam seinen Raum und diente dem anfänglichen Vertrauensaufbau.

Ich bezog mich öfter auf ihren großen Erfahrungsschatz aus Gruppen, die sie selbst geleitet hatte, und dass ich dankbar sei, dass sie dies als Ressource mit einbringe. Auch dieser – eigentlich selbstverständliche! – Umgang »auf Augenhöhe miteinander« schuf Vertrauen. Dass sie dadurch anfangs in der ihr vertrauten, gebenden Rolle blieb, wurde akzeptiert…

… bis eine Kriegsenkelin das Thema ihrer eigenen großen Bedürftigkeit direkt und gefühlvoll zur Sprache brachte: Nach einer OP war Sigrid längere Zeit als erwartet gehbehindert. »Ich bin dadurch jetzt aber in der Lage, meine Bedürfnisse nach Kontakt mehr zu spüren, und möchte dies nicht gleich wieder relativieren«, widersprach sie einem anderen Kriegskind, das dieses Thema als lediglich temporären Einschnitt abwiegeln wollte.

Sie wohnte in einem der oberen Stockwerke, und neben der Schwierigkeit, die Alltagsdinge mit Rucksack zu meistern, vermisste sie vor allem schmerzlich die gewohnten Kontakte zu Freundinnen und Freunden, die – allesamt noch wie sie selbst berufstätig – ihr nicht immer in der gewünschten Art und Weise beistehen konnten.

»Ich dachte, du seiest ganz allein, jetzt höre ich, dass du ja doch einige Helfer hattest, dann ist das doch alles nicht so schlimm«, hörten wir dann die ungewohnt harte, schneidende Stimme von Dagmar.

Dem Wutanfall Sigrids, sie verbiete sich solch eine herzlose Reaktion, folgten noch mehrere sehr kühl vorgebrachten Sätze von Dagmar nach dem Motto, stell' dich nicht so an, dieses Thema (der körperlichen Einschränkungen) habe ich schon mein ganzes Leben lang (was ja auch stimmte) – und ICH stelle mich nicht so an, ich trage dies wortlos… (und heldinnenhaft, dachte ich!).

Dann folgte ein längeres, betretenes Schweigen in der Gruppe, nach dem ein Nachkriegskind sehr berührt die Frage stellte, was denn eigentlich gerade wirklich gelaufen sei?

Ich bat alle Gruppenteilnehmerinnen, ihre Stühle etwa einen Meter zurückzurücken, um noch leichter auf die Situation von eben zurückblicken zu können.

Sigrid versuchte als Erstes einen Rückzieher zu machen (»So schlecht wie Dagmar geht es mir ja auch wirklich nicht.«) und wurde von mehreren Gruppenteilnehmerinnen dabei gestoppt. Diese hatten sie während der ersten Krankheitsphase zu Hause besucht und es als wohltuend erlebt, dass die sonst sehr zurückhaltende Sigrid diese Vertiefung der Kontakte und die Hilfsbereitschaft der anderen sichtlich genießen konnte und dies am Anfang dieser Gruppensitzung auch positiv herausgestellt hatte.

Ein anderes Kriegskind mit Vertreibungshintergrund weinte – tief und bitterlich. »Das kann ich einfach nicht, so direkt meine Gefühle wie Wut zeigen wie die Jüngeren.« Hier ging es im Folgenden dann darum, sich nicht zu vergleichen und sich erst einmal mit den eigenen Bewältigungsmustern der frühen Flucht als kleines Kind »schnell durchkommen zu müssen, ohne sich groß Gefühle erlauben zu können« so anzunehmen.

»Außerdem«, so steuerte ein anderes Kriegskind bei, »zeigen WIR unsere Gefühle einfach anders…«

Dagmar selbst sagte lange nichts, schien aber sehr unruhig zu sein.

Ich wiederhole an dieser Stelle einen unserer Gruppenleitsätze, dass dieser geschützte Raum unserer Gruppe immer wieder neu eine Chance sei, das Land der Wertungen zu verlassen und uns selbst etwas besser zu verstehen.

Da brach es aus Dagmar heraus, zuerst in angriffslustigem Ton: »Ich habe das ganze erste Jahr in der Gruppe nichts gesagt, obwohl mir die Treppe in den 1. Stock viel zu steil und die Toilette viel zu eng war. Und Sie als Gruppenleiterin nehmen einfach nicht genug Rücksicht!«

Es wurde anerkannt, dass das erste Gruppenjahr in dieser Hinsicht schwer für sie gewesen sei – Gruppenteilnehmerinnen erinnerten sie aber auch daran, dass wir deshalb im zweiten Jahr den Raum gewechselt und jetzt zum neuen Raum hin einen Aufzug und »behinderten«gerechte Toiletten hätten …

Ich fragte sie, ob sie das Gefühl habe, von mir nicht wirklich gehört zu werden in ihren spezifischen Bedürfnissen.

»Das kommt mir irgendwie bekannt vor! Wenn du wieder normal bist, kannst du wiederkommen«, antwortete sie traurig mit einem Satz ihres Vaters, der sie in den Keller oder auf den Dachboden gesperrt hatte, wenn sie aus seiner Sicht nicht »lieb« war. Es folgten Beispiele aus dem bekannten »Pakt des Schweigens« dieser Generation.

Weder durfte über den frühen Tod der Schwester gesprochen werden, die an den Kriegsfolgen gestorben war, geschweige denn durfte darüber getrauert werden. Dagmar blieb als 4-Jährige einsam zurück, ohne seelische Resonanz, ohne Empathie für ihre versteckt bleibende Trauer.

Auch über die Vertreibung der Polen durch die deutschen Besatzer im Osten, die sie als ältere, sensible Jugendliche in einer sehr christlich orientierten Familie durchaus wahrnahm – an deren Stelle wurden »deutschenfreundliche« Ukrainer gesetzt –, durfte zu Hause nicht gesprochen werden, um keine Konflikte der Eltern mit den Nazimachthabern zu riskieren – wie über so vieles andere nicht; und sie als Kind und Jugendliche blieb allein mit ihrer Wahrnehmung des Unrechts, allein auch mit ihrer Irritation und ohne ein verständnisvolles Gegenüber. Im Gegenteil – sie versuchte noch, ihre schwangere Mutter zu schonen und keinen Streit mit dem Vater zu riskieren: »Der liebe Gott wird's schon richten« war sein einziger Kommentar.

Das Ganze wurde in bitterer, aber auch nachdenklicher Stimmung erzählt, aufgefangen durch den empathischen Resonanzraum der Gruppe.

Das Thema der abgewehrten eigenen Hilfsbedürftigkeit – erinnert und ausgelöst durch die Erzählung von Sigrid – blieb erst einmal offen im Raum stehen.

Doch sie wurde gehört mit ihrem Erlittenen – und Versäumten.

»Jetzt hole ich mir mein Leben zurück«, äußerte sie traurig in der Schlussrunde dieser Gruppensitzung, »denn ich hatte nie eine Kindheit und Jugend gehabt! Krieg lässt einfach keinen Raum für Spiele, für Flirts oder sich unbeschwert beruflich auszuprobieren!« Und es kamen berührte Rückmeldungen an sie aus der Gruppe, jetzt erst sie und ihre vielen aktuellen Aktivitäten besser zu verstehen.

Dagmar ergänzte etwas sehr Wichtiges, das bisher noch nicht zur Sprache gekommen war, in einer der nächsten Gruppenrunden, als sie wieder bei einem neuen Thema von Sigrid aktiv mit einstieg – dem der Parentifizierung durch die Eltern.

2. »Ich helfe lieber euch als mir selbst ...«
Beispiele von Parentifizierungen über die Generationen hinweg

In einer Eingangsrunde standen bei verschiedenen Gruppenteilnehmerinnen die Väter im Mittelpunkt. Die Gruppe wandte sich zur Vertiefung zuerst Sigrid zu, deren aktuelle Frage emotional sehr dringlich erschien: Sie hatte zuvor in der Gruppe schon von der Alkoholabhängigkeit des Vaters erzählt, zu dem sie, seit sie zurückdenken könne, ein ambivalentes Verhältnis habe: Zum einen überfordere und ängstige sie dessen Herumgeschreie nach mindestens einer halben Flasche Wodka, zum anderen fühle sie sich ihm nahe, wenn sie sich von ihm gegen die Mutter einspannen lasse bei deren

Ungerechtigkeit ihm gegenüber. Aktuell überlege sie, als Unterstützung für die alt gewordenen Eltern zu ihnen zu ziehen. Dafür müsse sie aber ihr Leben in der jetzigen süddeutschen Kleinstadt aufgeben, wovor sie auch zurückschrecke. Sie vergleicht sich daraufhin stark mit der sieben Jahre jüngeren Schwester und erzählt, wie viel sie für die Eltern mache innerhalb dieses Konkurrenzkampfes. Dies löste schon das erste Lächeln bei einigen in der Gruppe, insbesondere aber bei Dagmar, aus, die Sigrid wohlwollend fragte, wie sehr sie »im Kampf um den Vater noch gebunden« sei? Diese Frage hatte eine gewisse Brisanz, da auch Sigrid – wie Dagmar – keine(n) Lebenspartner(in) hatte und sich schon öfters gefragt hatte, wie sie ihren Wunsch nach einer Liebesbeziehung besser realisieren könne. Sigrid bedauert, nach wie vor öfter das Gefühl zu haben, für die Eltern »sich selbst und ihr eigenes Leben« aufzugeben, und hört sehr interessiert zu, als Bemerkungen anderer Kriegsenkelinnen kommen, erst nach dem Tod eines Elternteils oder beider Eltern eigene, ungewöhnliche Lebensentwürfe wie den des Weges einer Künstlerin oder auch die Scheidung aus einer unglücklichen Ehe umgesetzt zu haben.

Besonders nachdenklich und traurig wird sie beim Beitrag von Dagmar, die von Verinnerlichungen ihres sehr anspruchsvollen Vaters erzählte, dessen zu hohe Anforderungen an sie dazu geführt hätten, dass keine Partnerschaft vor ihren eigenen strengen Augen Bestand haben konnte.

Ich ergänze die besondere Treue von Kindern zu in der Familie abgewerteten Elternteilen und frage, ob eine solche Bindung eventuell auch heute noch eine Bedeutung haben könne in Bezug auf die Verhinderung einer Partnerwahl.

Alle in der Gruppe sind nun hellwach, und wir entscheiden gemeinsam, Sigrids Wunsch, dies einmal mit der Methode einer Aufstellung (symbolische Möglichkeit, durch Stellvertreterinnen die eigene Position neu wahrzunehmen) genauer anfühlen zu wollen, mitzutragen. Als Ziel nennt sie, die aktuelle Bedeutung des Vaters für sich klarer zu bekommen, und hofft, sich dann in der Beantwortung der Frage, in welcher Form sie jetzt ihren Eltern helfen kann, leichter zu tun.

Sie wählt als Stellvertreter ihres Vaters Dagmar aus und stellt ihre eigene Stellvertreterin sehr dicht hinter ihn. Diese fühlt sich durch ihr Mit-Leiden mit ihm »sehr stark an ihn gebunden«, die Stellvertreterin des Vaters jedoch fühlt sich »zu sehr eingeengt« durch diese Nähe: Die »Tochter soll endlich erwachsen werden«. Als die Bewegung der Seelen dieser beiden Stellvertreterinnen frei gestellt wird – d.h., sie stellen sich langsam so, wie sie sich in dieser Rolle fühlen –, distanzieren sich beide räumlich voneinander. »Vielleicht schafft er es ja allein«, so die Stellvertreterin für Sigrid. Sie wendet sich neu ihrer »Mutter« zu, von der sie bisher »nichts nehmen« konnte. Diese fühlt sich stärker, als ich deren Mutter, also die Stellvertreterin der Großmutter von Sigrid, hinter sie stelle. Zwischenzeitlich erscheint die Dynamik im Feld wie eine Zerreißprobe für Sigrid, zwischen ihren Eltern zu stehen.

Im vorläufigen Lösungsbild stellt sich der »Vater« näher zu seiner Frau. Die Stellvertreterin für Sigrid sagt den bedeutungsschwangeren Satz, »jetzt helfe ich lieber mir selbst«, der Sigrid sehr berührt und zu einem lösenden Weinen führt. Ich stelle sie an diesem Punkt selbst in die Aufstellung mit hinein, und sie fühlt die inzwischen erarbeitete räumliche Distanz zu den Eltern als wohltuend.

In der Nachbesprechung wird deutlich, dass Sigrid sich durch den Alkoholmissbrauch des Vaters stark an ihn gebunden hatte: Sie selbst nennt eine Affinität zu dessen Suchtstruktur in einem anderen Bereich. »Sucht bindet mich« ist ihr rückblickender Kommentar dazu, der einfach so stehen bleibt.

Am erstaunlichsten war für sie die Stärke ihrer Stellvertreterinnen-Mutter, von der sie bislang nichts »wusste«. Diese wünschte sich in der Rolle der Mutter, dass Sigrid von ihr »mehr nehmen könne«. Es entspann sich eine rege Diskussion in der Gruppe, wozu frühe Umdrehungen in der Generationenverantwortung (Parentifizierungen) gedient hatten und welcher Preis dafür bezahlt wurde.

Hier reagiert Dagmar sehr berührt: »Als meine Mutter starb, war ich 14. Ich merkte, wie traurig mein Vater war, dies aber nicht zeigen konnte. Ich sollte von da an mehrere Jahre im Bettteil meiner Mutter neben ihm schlafen, was ich auch tat.«

Es sei nie »etwas passiert«, doch ihre späteren Schlafstörungen, ihre Schwierigkeit, sich selbst in den Mittelpunkt von Fürsorge zu stellen, und ihre frei fluktuierenden Ängste werden noch Thema anderer Gruppensitzungen sein.

Es entwickelt sich eine Diskussion in der Gruppe, an der sich alle Generationen gleichermaßen beteiligen: wie man spüren könne, was das »Eigene« im Leben sei und wo man noch die Aufträge der Eltern erfülle: Sigrid meinte, die elterlichen Delegationen fühlten sich »fremd« an im Körper, sie fühle sich dann sich selbst gegenüber distanziert. Der Wunsch, zu den Eltern zu ziehen, sei in weite Ferne gerückt. Zurück bliebe ein Gefühl, nicht genau zu wissen, wohin denn nun die eigene Reise gehen solle. Das mache auch Angst. In der Gruppe wurde dies relativiert durch die übereinstimmende Meinung, es sei möglich, vieles einfach mal auszuprobieren, um so das in der Kindheit Versäumte spielerisch nachholen zu können. Mein Vorschlag, mal zu tun, als ob man wisse, was das Eigene im Leben sei, und dies probeweise zu leben, bekam viel Resonanz. Jede hatte eine Idee dazu. Die Gruppe endete leicht und mit Lachen.

Beide – Sigrid und Dagmar – sind sich durch dieses gemeinsame Vaterthema sehr nahegekommen und gehen angeregt diskutierend am Ende der Sitzung hinaus.

3. »Was einem in den Schoß fällt, ist gar nichts wert«
Die Absolutheit der Leistungsethik auflösen

Eine der Gruppensitzungen eröffne ich nach der Eingangsmeditation mit dem Eindruck, dass für mich heute eine große Erschöpfung im Raum zu spüren sei. Dies wird dankbar in der Eingangsrunde aufgegriffen und in vielerlei Hinsicht bestätigt.

Die noch berufstätigen Nachkriegskinder und -enkel klagen übereinstimmend darüber, beruflich und privat einfach nur übermäßig zu »funktionieren« ohne »Sinn und Verstand« und sich gar nicht zu gestatten, auch einmal Grenzen zu setzen: »Es ist ja auch gut so, so viel leisten zu können« wechselt sich ab mit dem Einwand, dass dies aber oft zum Perfektionismus ausarte, der nicht mehr kontrollierbar und damit auch nicht zu stoppen sei.

Beide Kriegskinder der Gruppe bringen sich nun mit ein: Das »nichts tun« sei ja von früher her auch eine Art Unwort gewesen, so Sonja, die damals 77-Jährige mit Vertreibungshintergrund. Nichts gegolten habe hier dagegen die geistige Arbeit und schon gar nicht der Dialog in der Familie, der meist auf der Strecke blieb. An diesem Zusammenhang zwischen rigidem Leistungsdenken und fehlender Kommunikation wurde der Faden weitergesponnen.

Dagmar ergänzte wie so oft in der Gruppe Sonjas Gesprächsansatz: »Du bist früher ja auch ein Nichts gewesen, wenn du nichts geleistet hattest.« Missbilligende Blicke der Eltern hätten schon genügt, ansonsten halfen Beschämung und Ausgrenzung – wichtige Erziehungsmittel der Angst aus der NS-Zeit. Beide Kriegskinder hatten den elterlichen Auftrag gespürt, bis zum Umfallen zu arbeiten – man achte hier auf die Kriegs- und Todesmetapher, die in der nationalsozialistischen Ideologie positiv umgedeutet wurde in dem Sinne, dass es eine Ehre sei, für Vaterland und Führer »alles zu geben« – bis hin zum Tod!

Ebenso wurde in der Gruppe das damalige Sprichwort angeführt, »wenn du nichts tust, geht die Zeit vorbei und der Tod kommt herbei«, das die Angst vor dem Tod und dem fehlenden Leben als »Leistungspeitsche« benutzt, wie ein Nachkriegskind treffend formulierte. »Und obwohl ich schon immer sehr fleißig war«, steuerte die alleinerziehende Mutter zweier Kinder, Maria, ein Nachkriegskind, zur Erziehungshaltung ihrer traumatisierten Eltern bei, »ist es nie genug gewesen«. Denn deren ungelebte Leben – die unbewusst gebliebenen Schuldgefühle – wurden an die nächste Generation weitergegeben im Sinne eines Auftrages, dass die Kinder es »besser machen« sollen, so Maria weiter. Nicht primär *besser haben*, wie es immer behauptet wurde, sondern als Delegation der Eltern mit dem Imperativ einer eisernen Norm, es besser *machen zu müssen*, um das Wohlbefinden der Eltern abzusichern.

Dagmar verstand jetzt, wieso sie sich »nie helfen lassen durfte«, wurde dies doch als Schwäche abgewertet! Und man wollte ja niemandem »zur Last fallen! Das geht jetzt aber schon etwas besser«, berichtete sie stolz von der letzten »Stolpersteingruppe«, als sie sich getraute, nach einer Mitfahrgelegenheit zu fragen – und Erfolg hatte! Kurz zuvor hatte sie ihren Führerschein verloren und war mit ihrer körperlichen Einschränkung mehr als zuvor auf Hilfsbereitschaft angewiesen.

Kleine Schritte zu feiern, war nun die Devise in der Gruppe, der sich alle anschließen konnten: Die Ambivalenz zwischen »es schaffen zu wollen« mit den heutigen Ansprüchen einer Multioptionsgesellschaft mitzuhalten, und dem Wunsch, so wie hier in der Gruppe »mal nichts leisten zu müssen« und trotzdem geliebt, gesehen und gehört zu werden, stand nun versöhnlicher als die Extreme von Perfektionswahn und drohendem Burn-out im Raum. Das »ich möchte selbst die Kontrolle behalten, wann ich Ja und wann ich Nein sage zu eventuell übertriebenen Ansprüchen von außen« von Maria wurde ergänzt durch den Wunsch, »sich auch ohne Rastlosigkeit ihren Kindern mit anderen Werten als denen ihrer eigenen Eltern zu zeigen«.

Hier halfen beide Kriegskinder mit, sich mit den neuen Relationen gestärkt zu fühlen, denn Dagmar und auch Sonja bestätigten, dass es in ihrer Kindheit »ohne Leistung keinerlei Bestätigung oder Anerkennung gab«. Dem alten »Funktionieren durch Gehorsam und Angst«, dem »Verwechseln von lieb sein müssen mit Liebe« wurde als Ziel entgegengesetzt, der neuen Generation im Zeitalter der unverbindlichen Globalisierung von Kommunikation einen verlässlichen, sicheren, seelischen Raum anzubieten, in dem ohne Bewertung empathisch kommuniziert werden kann.

Maria berichtete hier ganz stolz, dass ihre inzwischen erwachsenen Kinder sich das Recht nähmen, beruflich wie privat etwas auszuprobieren, was dann auch wieder fallen gelassen werden kann, und dass sie gerade deshalb das Gefühl habe, dass aus ihren beiden Kindern zufriedenere Arbeitnehmer werden würden, als sie es je gewesen sei. Und ihr sei es viel wichtiger, dass beide sie mit ihren Sorgen und Zweifeln auch heute noch ins Vertrauen ziehen würden, was von den Kriegskindern in der Gruppe mit »Respekt und ein bisschen Neid« vor diesen neuen Möglichkeiten der übernächsten Generation beantwortet wurde.

Von der anfänglichen, nahezu existenziellen Erschöpfung war in der Gruppe nichts mehr zu spüren.

Dieses Thema war das erste, bei dem sich ALLE beteiligten, und das nicht aus einer Einzelarbeit oder einer Zweierinteraktion heraus entstanden war. »Denn« – so Kriegsenkelin Sigrid – »schließlich sind wir alle als ›Human Being‹, nicht als ›Human Working‹ auf die Welt gekommen und wollen neben der richtigen Form von Arbeit auch noch ein paar andere Ziele in unserem Leben verwirklichen.«

Es wunderte mich nicht, dass sich die Gruppe nach der sich anschließenden, genügend langen Pause eine Imaginationsübung aussuchte, in der alle mithilfe eines wundersamen Wesens einiges an *seelischem Gepäck* zu diesem Thema ablegen konnten – so sie dies wollten. Zuvor hatten sich alle ihre alten Glaubenssätze zu dem Leistungsthema bewusst gemacht.

4. »Ich habe Angst vor dieser Bewegung zwischen den Generationen«
Wie der Krieg weitergeht und befriedet wird

Manche Gruppensitzungen plätschern vor sich hin, die einen nehmen sich zurück, brauchen im Moment angeblich gar nichts, andere erschöpfen sich im Erzählen von Details und wollen dabei nichts hinterfragen oder sich anschauen, wollen oftmals einfach erzählen und gehört werden, ihren Raum bekommen, wertfrei sich angenommen fühlen. Auch das ist zeitweise für mich in Ordnung, da es nicht um »Leistung« und »Effizienz« im gesellschaftlich üblichen Sinne gehen soll.

Ich erinnere jedoch eine dieser Sitzungen, in der mich bei dieser Art von Erzählen, anders als sonst, frühzeitig ein mulmiges Gefühl beschlich. Über längere Zeit hinweg hatte die Gruppe sich einfach mit dem Erzählstrom der beiden Kriegskinder Dagmar und Sonja treiben lassen. Kaum jemand fühlte sich zum Nachfragen oder Ergänzen oder das Thema selbst weiterspinnen aufgefordert. Ich hatte gerade meine Gegenübertragung in den Gedanken »die Bombe tickt« gefasst, als wie aus dem Nichts heraus in rasender Geschwindigkeit ein Konfliktfeuer losbrach, das die gesamte Gruppe involvierte: Die Gruppenjüngste, Michelle, eine sonst eher sanfte Kriegsenkelin von 45 Jahren, explodierte: »Nicht nur ihr habt es schwer gehabt!« Sie, die das berufliche Erbe ihres Vaters, ihm als Architektin nachzufolgen, mühevoll aus- und den Künstlerinnenweg eingeschlagen hatte, wurde richtiggehend laut, unterstützt von Sigrid, die enttäuscht zu den Kriegskindern hin rief: »Merkt ihr eigentlich, dass ich dauernd abwarte, auch mal zu Wort zu kommen?« Sie, eine hochsensible Frau, tat sich sonst schwer mit der, ihr oftmals zu schnellen Redegeschwindigkeit in der Gruppe. Doch nun breitete sich das »Feuer« auch mit ihrer Hilfe richtig rasant aus: Alle redeten fast gleichzeitig – und sehr, sehr laut: schwerer Beruf, unglückliche Ehe, Alleinerziehung der Kinder, Geldnot und schwere Krankheiten. Die Gräben zwischen den Generationen wurden immer tiefer, sie trennten voneinander, was vorher so friedlich nebeneinander existiert hatte.

Ich ließ den ersten »Bombenhagel« vorbeigehen, bis ich mich aus der Deckung wagte mit der Frage, um was es denn eigentlich wirklich in diesem »Krieg« ginge? Betretenes und nachdenkliches Schweigen, das mehrere Minuten ausgehalten wurde – Waffenstillstand, der noch nichts löste, aber immerhin Zeit für Reflexion schaffte.

Die Kriegsmetapher wirkte – eine solche Eskalation hatte diese erfahrene Gruppe (in ihrem dritten Jahr!) noch nie herbeigeführt. Die Kriegskinder wagten sich als Erste aus den »Schützengräben« heraus, wenn auch noch recht vorwurfsvoll: »Sie als Gruppenleitung hätten viel früher das Ganze stoppen sollen!« Sofort wurden ihnen von den nicht kriegserfahrenen Jüngeren ein »Rückfall in autoritäre Sehnsucht nach Führung« und »Verantwortungsabgabe« vorgeworfen. Die »Vergeltung« der Älteren folgte auf dem Fuß: »Ihr wisst ja gar nichts, könnt nicht mitreden, was wir erlebt haben, ist das Allerschlimmste, das war nämlich der totale Krieg!«

»Und den erleben wir hier alle gerade in gewisser Weise wieder, da es symbolisch um Ausschaltung der Andersartigkeit geht«, werfe ich ein. »Und nicht mehr um das Verstehen, was gerade jede gebraucht hätte – kann das sein?«, versuche ich eine erste Brücke zu bauen.

Michelle wird als Erste sehr nachdenklich: »Wir haben die Zeit einfach so vorbeigehen lassen vorhin, waren aber gar nicht wirklich zusammen. Das bin ich in dieser Gruppe gar nicht gewohnt.« Ihr Bedürfnis nach echter Nähe wird unterstützt von Maria, die eingesteht, vorhin »wie auf heißen Kohlen gesessen« zu sein, »ob sie es sich zugestehen könne, die Älteren zu unterbrechen und auch etwas an Raum zu beanspruchen«. Gerade sie, die ansonsten den Kriegskindern sehr empathisch zuhörte und ihnen viel Respekt zeigte, kam an ihre Grenzen, als diese das Monopol eines schweren Lebens für sich beanspruchten.

Sie hatte es – den Kindern zuliebe – sehr lange in einer unglücklichen Ehe ausgehalten. »Dies kann man zwar sicherlich nicht mit den Kriegs- und Vertreibungserfahrungen der Älteren vergleichen, doch jede Generation hat ihr eigenes Päckchen zu tragen und will dafür auch Respekt.«

Ähnliches kam von den anderen: Was vorhin im »Geschützfeuer« unterging, wurde jetzt nacheinander und empathisch in Ruhe angehört. Auch die Kriegskinder waren sehr berührt: »Dass ich das nötig hatte gerade eben, so massiv auf mein schweres Leben hinzuweisen, das gestehe ich mir zwar zu, aber doch nicht um den Preis, anderes Leid dafür nicht mehr gelten zu lassen!«, so Dagmar sehr in sich gekehrt.

Auch Sonja äußerte ganz geknickt: »Ich denke immer, für mich bleibt nichts mehr übrig und ich muss mir ganz schnell etwas nehmen.« Sie stellte selbst den Zusammenhang mit ihrem frühen Hunger (während des Krieges und vor allem während der Vertreibung) und ihrem jetzigen »seelischen Hunger« her: ›Ich musste immer für andere da sein; bei der Flucht meine kleine Schwester an die Hand nehmen und jedes Stück Brot mit ihr teilen, später für Mann und Kinder sorgen, dann die Schwiegereltern pflegen. Vorhin hatte ich eigentlich nichts Wichtiges zu erzählen, doch ich war froh, einfach mal dran zu sein.«

Hier hatte sie den Schnittpunkt mit den jüngeren Generationen ausgesprochen, was sofort mit großer Erleichterung in der Gruppe aufgenommen wurde: »Es war nicht nur verpönt, über Ängste zu sprechen, sondern auch eigene Bedürfnisse anzumelden. Wir Kinder wollten ja die Eltern nicht noch zusätzlich belasten.«

Und alle ergänzten sich in der Anerkennung der Gemeinsamkeit, eigenen seelischen Hunger stillen zu wollen, »auch im Zuhören und Mitfühlen mit den anderen«. So konnte ein anfangs destruktiver Akt verstanden und gemeinsam »entgiftet« werden.

Demut entstand, als in der Gruppe die Ohnmacht zu Anfang des Sich-»wie-im-Krieg-Fühlens« reflektiert wurde: Die Jüngste in der Gruppe hatte ihre Angst gespürt vor dieser eigenen Bewegung, sich mit Vertreterinnen der Elterngeneration in einen Konflikt zu wagen:

»Wie kann ich mir im Vergleich des Leids mit den anderen auch etwas zugestehen?« – »Wie haben Sie es denn gerade eben geschafft?«, war meine Frage daraufhin.

»Ich glaube, das ging erst jetzt im dritten Jahr dieser Gruppe. Da hat sich so viel Vertrauen aufgebaut, dass unser bisheriger offener und freundlicher Umgang miteinander mir Halt gegeben hat.«

Auch wenn es »jetzt mal Dampf gegeben hat in dieser Küche«, so ihr Fazit, »habe ich zwischendurch immer gewusst, dass wir auch diesen Konflikt human austragen und beenden werden«.

So können alte Erfahrungen mit Konflikten oder auch Konfliktvermeidungen in der Ursprungsfamilie durch heilsame neue Erfahrungen ein Stück weit relativiert werden, und ich warb um Verständnis, dass gerade Konflikte oft ein sehr angstbesetztes Terrain sind: »Manche haben sehr gewaltsame, beängstigende Erfahrungen im Umgang mit Konflikten gemacht, andere wiederum solche immer vermieden um den Preis, eigene Unterschiedlichkeit dafür zu opfern, wiederum andere wollten die Eltern nicht noch mehr belasten.

Doch es bedarf des Mutes, sich neu hineinzutrauen in einen Konflikt mit der anderen Generation – und auch hier steckt ein Teil des Wortes ›Vertrauen‹ darin, das genügend Zeit braucht, um sich entwickeln zu können.«

Die Gruppe ging an diesem Tag sehr nachdenklich auseinander; und es schien mir so zu sein, dass in den nächsten Sitzungen auch brisante Themen noch freier angesprochen wurden.

5. »Dabei könnt ihr Frauen mir nicht helfen!«
Die Suche der Männer nach dem abwesenden Vater

Die Männer in den mehrgenerationalen Gruppen kommen oftmals über die »Brücke«, die ihnen ihre teilnehmenden Frauen oder Schwestern oder eine sie dorthin überweisende Therapeutin bauen.

Rainer, ein Nachkriegskind, war einer der wenigen Ausnahmen, der sich von sich aus zu einem Vorgespräch bei mir meldete, da ihm die Frühberentung drohe. Obwohl mir da der Zusammenhang zu den mehrgenerationalen Themen noch nicht deutlich wurde, bildete er dann zusammen mit einem Kriegsenkel die männliche Minderheit in einer Gruppe von Frauen aus allen drei Generationen.

Seine Enttäuschung, auch hier nicht auf teilnehmende männliche Kriegskinder zu treffen, drückte er schon in der ersten Gruppensitzung aus.

Gleich danach begab er sich in ein Streitgespräch hinein mit dem »jüngeren« Kriegsenkel: »Ich habe meiner Frau ewige Treue geschworen, und das hast du ja wohl auch mal«, lehnte er die Scheidung seines Gegenübers, die dieser ausschnittsweise in der Eingangsrunde als aktuellen Hintergrund erwähnte, ab.

Es dauerte und bedurfte der Nachfragen und Vermittlungsversuche einiger Teilnehmerinnen, bis sich die heftige Diskussion zwischen den beiden Männern der Gruppe entspannte und sich auf das berufliche Terrain verlagerte, wo Rainer in enttäuschtem Ton erzählte, dass er in 19 Jahren als Industriekaufmann nicht einmal krank »machte«, immer fleißig gewesen sei und er trotzdem bei der Rationalisierungsmaßnahme der Firma, die Produktion ins billigere Ausland zu verlagern, entlassen wurde, da er nicht mit in das osteuropäische Land mitgehen wollte.

Dem »das hätte ich meiner Frau nicht antun können« folgte die eigene Angst vor Neuem.

Anerkennend und ein bisschen neidisch klingend meinte er zu dem geglückten Berufswechsel des Jüngeren, diese Möglichkeit hätte er »nie gehabt«. »Oder nie gesehen, wahrgenommen?«, hakte eine ältere Teilnehmerin etwas provokativ nach. Ich stoppte sie vorsichtig, denn eine unserer Regeln in der Gruppe besteht darin, alles, was jemand von sich mitteilt, so lange einfach wertfrei stehen zu lassen, bis eine Bereitschaft bekundet wird, dieses Thema mithilfe anderer zu vertiefen.

Rainer hatte daraufhin, wie oft auch andere Männer in verschiedenen Gruppen, »Schonzeit«, wurde emotional von den Frauen gut versorgt und darin bestärkt, wie wichtig es sei, dass er an der Gruppe teilnahm. In den nächsten Sitzungen verfiel er jedoch zunehmend in eine depressiv anmutende, apathische Stimmung, sagte nichts mehr und schien innerlich abwesend zu sein, wenn andere arbeiteten.

Dann wiederum machte er auf mich den Eindruck, »auf Bremse und Gas gleichzeitig« zu stehen, solch eine Ruhelosigkeit und Gehetztheit verbreitete er energetisch.

Auch in den Eingangsrunden konnte er sich keine Wünsche zugestehen an die aktuellen Gruppenstunden, sondern erschöpfte sich in gereizten Klagen über erlittene Ungerechtigkeiten im Außen.

»Ich habe den Eindruck, du bist zufrieden, solange wir dich hier ganz in Ruhe lassen«, versuchte Peter, der jüngere Kriegsenkel, ihn mitfühlend mit einzubeziehen. Da weinte Rainer los, hemmungslos und verzweifelt. Erst nach vielen Minuten des schweigenden Mitgehens der Gruppe fasste er sich wieder: »Ich kann hier sitzen, ohne mich als Versager zu fühlen. Hier geht das.«

Einfühlsames Nachfragen aus der Gruppe ergab ein vielschichtiges Bild eines Sohnes, der nie den Anforderungen des Kriegsvaters entsprochen und dessen Feindseligkeiten ihn bis zu dessen Tod gedemütigt hatten.

»Obwohl ich den gleichen Beruf wie er ergriffen hatte, galt ich immer als Versager bei ihm. Er hat mich wegen jeder Krankheit verachtet.«

Sein Vater sei verspätet aus der russischen fünfjährigen Kriegsgefangenschaft zurückgekommen und habe immer diese verlorene Zeit beruflich »aufholen« wollen, dies aber nie geschafft. »Und dann hat er das von dir verlangt, gnadenlos«, fühlte eine Teilnehmerin mit ihm mit. Auch seine Unterwerfung unter die väterlichen Normen und der gemeinsame Ausschluss anderer aus der Familie hätten ihm »nichts eingebracht«.

An dieser Stelle machten Nachfragen aus der Gruppe es mir möglich, einen kleinen Einschub zu geben über die Notwendigkeit eines Kindes, sich auch mit der »Täterseite« zeitweilig zu identifizieren, um den Kontakt zu dieser Beziehung nicht zu verlieren. In den nächsten Sitzungen folgten, darauf aufbauend, zwischendurch immer wieder mal kurze Theorieeinheiten über die Bedeutung und Wirkungsweise von Introjekten (Verinnerlichungen) sowie Imaginationsübungen zur langsamen Umwandlung dieser verinnerlichten Glaubenssätze.

Rainer zeigte auch in der Gruppe einerseits diese Bereitschaft, sich unterzuordnen, vor allem unter den »Schutz« der Frauen, aber auch seinen aggressiv geäußerten Neid dem erfolgreicheren Jüngeren gegenüber, den dieser aber erfolgreich zurückwies: »Was hilft es dir, wenn du mich jetzt angreifst?«

Als wiederum eine der jüngeren Frauen ihm »helfen« wollte in dieser Situation, wies Rainer dies ungewöhnlich sanft und nachdenklich zurück: »Da könnt ihr Frauen mir nicht dabei helfen.« Erst daraufhin war es ihm möglich, von seinem Wunsch (!) zu sprechen, in der Gruppe einen älteren Teilnehmer zu finden, der ihm – anders als sein Vater – die lang ersehnte Anerkennung geben könne.

Immerhin habe er in der Gruppe gelernt, »sich auch ohne Leistung wohlzufühlen«, und hätte sich »angenommen« gefühlt, auch von dem jüngeren Mann. Er selbst »könne dies aber nicht«.

Nach weiteren zwei bis drei Gruppensitzungen, in denen er sich einem auch kritischen Feedback stellte, wechselte er friedlich in eine von mir im Einzelgespräch angeratene Einzelpsychotherapie bei einem – älteren – psychotherapeutischen Kollegen. Er ließ es offen, ob er sich irgendwann einmal für eine Gruppe »reif« genug fühle. Als hier von einer Kriegsenkelin nachgefragt wurde, warum er sich nicht schon jetzt »so, wie er ist«, annehmen könne, meinte er nachdenklich, dass er im Moment einfach nur »nehmen« wolle und noch nichts an die Gruppe zurückgeben könne. Dies wurde von der Gruppe so akzeptiert, denn so hatten es auch alle empfunden und diesen »Mangel« seither mit Mitgefühl und Geduld ausbalanciert.

Peter, nun »Hahn« im Gruppenkorb, stellte sich den daraufhin aufkommenden Schuldgefühlen, davon mehr im nächsten Kapitel.

6. »Wozu habe ich diese Gefühle?«
Den Nebel aus Schuld- und Schamgefühlen lichten

Die erste Gruppensitzung ohne Rainer begann er denn auch mit sich quälenden Sorgen um ihn: »Ich habe mich in der Gruppe nur so gezeigt, wie wenn es mir immer gut ginge. Das war sicher zu viel für ihn, er hätte etwas anderes von mir gebraucht.« Peter war sehr lange der gemeinsamen Tochter zuliebe in einer für ihn unpassenden Ehe geblieben und bekannte bei Nachfragen aus der Gruppe, dass es schon typisch für ihn sei, »andere nicht im Stich lassen zu wollen und sich sehr verantwortlich zu fühlen«. Am Scheitern seiner Ehe gab er vor allem sich selbst die Schuld: »Das lag besonders an meinem Fehlverhalten«, und wollte der Gruppe dies durch einige Beispiele »beweisen«. Da dies so nicht angenommen wurde, schilderte er daraufhin seinen seit der Kindheit nagenden Selbstzweifel: »Darf ich als Sonnyboy mein Leben genießen, während es anderen so schlecht ging, oder geht?« Hier konnten sich viele aus der Gruppe anschließen: Ob man als Kind zu mager oder zu dick war, zu langsam oder zu lebhaft, ob man eine Lehre machte oder studierte – einen von der Ursprungsfamilie so bezeichneten »Makel« konnte jedes Gruppenmitglied anführen. Betretenes Schweigen füllte daraufhin den Raum, das einige Minuten ausgehalten wurde.

Ich stellte danach die Frage, wie denn jede/r mit dieser Angst vor Beschämung umgegangen sei, welche »Rettungswege« aus dieser Angst gefunden wurden.

Peter nannte seinen »geliebt-gehassten Perfektionismus«, wie er es nannte, als Rettungsweg, der ihm aber jetzt, wo er das Leben noch mehr genießen wolle, eher hinderlich sei.

»Welchen Vorteil hatte dieser Perfektionismus in Bezug auf Ihre Schuld- und Schamabwehr?«

»Ich habe selten Anerkennung oder Bestätigung meiner Eltern bekommen. So habe ich mir selbst die Sicherheit gegeben, wenn ich nur alles richtig und sehr gut mache, geschützt zu sein.«

Mitfühlende Fragen aus der Gruppe, wie er das durchgehalten habe, ließen ihn leicht gereizt reagieren. Als ich das hinterfragte: »Wer spricht da in Ihnen auf diese Weise?«, sagte er nur betreten: »Mein Vater.«

Ein längeres Schweigen folgte, in dem es in allen arbeitete. »Ja, er hatte immer übertriebene Anforderungen an mich. Selbst hatte der Vater – kriegsbedingt – nur die Mittelschule (heutige Realschule) geschafft, und ich sollte unbedingt studieren.« Das habe er auch geschafft, doch mit dem Studium der Medienwissenschaften dann eine andere Richtung als die vom Vater gewünschte eingeschlagen. Nochmals zurückgegangen zu den Folgen der elterlichen Delegationen an die Nachkriegs- und Kriegsenkel, offenbarte sich eine Vielfalt an Überforderungsgefühlen in der Gruppe: »Ich konnte machen, was ich wollte, es war nie gut genug«, reihte sich an die Angst vor dem Verächtlichgemachtwerden durch die Eltern (»Ich fühlte mich bei jedem kleinen Fehler wie der letzte Dreck, wenn sie über mich spotteten!«) und der Angst vor körperlicher Bestrafung.

»Wieso ist das aber heute noch so, und auch noch in einer, für die heutigen Anlässe völlig übertriebenen Form?«, brachte Michelle, die Gruppenjüngste, ein.

Ein kleiner Einschub, wann die Seele unabgeschlossene und somit noch belastende Situationen von früher triggere, also als Auslösereiz nehme, schloss sich an.

Über die Fähigkeit des Kindes, elterliche Traumata als Verinnerlichungen in sich auf- und den Eltern damit abzunehmen, hatten wir schon mehrfach in kleinen Portionen in der Gruppe gesprochen, sodass dies hier nur kurz wiederholt wurde.

Obwohl diese Informationen gewünscht und dankbar aufgenommen wurden, breitete sich danach eine Welle von Ohnmachtsgefühlen in der Gruppe aus, und die Frage, »kann ich das alles jetzt noch loswerden?«, wie es eine Teilnehmerin aus der Kriegskindergeneration stellvertretend für alle formulierte, stand im Raum.

»Dürfen Sie es denn loswerden, ohne das Gefühl zu haben, den Eltern untreu zu werden?« meine Rückfrage.

An dieser Stelle war es auch für mich sehr berührend zu spüren, wie groß doch die Sehnsucht der Teilnehmerinnen dieser Gruppen (und auch meine!) nach einem selbstbestimmten, leichteren Leben ist.

Die Traurigkeit, sich von etwas Altem, Struktur und Sicherheit Gebendem zu verabschieden, wechselte sich nun ab mit dem Wunsch nach Selbstermächtigung, das eigene Potenzial endlich voll ausschöpfen zu wollen: Äußerungen wie »ich fühle mich wie die Ersatzeltern meiner Eltern, wenn ich mir noch heute so übermäßig Sorgen um sie mache« und »ich möchte endlich meine ganze Lebendigkeit und Kreativität ausleben, ohne immer gleichzeitig zu schauen, wie es anderen geht« mögen dies verdeutlichen.

Ich lud die Teilnehmerinnen nach einer Pause ein, mit ihrem derart verletzten und belasteten inneren Kindanteil, gleich welchen Alters, so liebevoll wie möglich als heutige Erwachsene Kontakt aufzunehmen.

Eine Imaginationsübung, in der dieser Kindanteil von der heutigen, kompetenten Erwachsenen in Sicherheit gebracht und versorgt wird, folgte, nachdem ich zuvor die Übung und ihre möglichen Ziele erklärt und zur Wahl gestellt hatte (Psycho-imaginatives Verfahren nach L. Reddemann, 2016).

Auch wurden vorab die heutigen Unterschiede (Ressourcen) der Erwachsenen zum damaligen Kind durchgegangen, um dann in der Imaginationsübung dem Anteil des Kindes verdeutlichen zu können, dass die heutige Erwachsene es geschafft hat, sich von manchem zu distanzieren, anderes aufgebaut hat und in der Lage ist, das Kleine jetzt aus der damaligen Situation »herauszuholen«. Hierfür sollte sich jede eine konkrete Situation vorstellen, die typisch für diesen Kindanteil war, und diese mithilfe des heutigen Erwachsenen verändern. Zuerst wird dieser Kindanteil dabei an einen geschützten Ort gebracht. Erst, wenn dieser »verletzte Teil« in Sicherheit ist, kann sich die Erwachsene der Umwandlung der Glaubenssätze, die aus dieser Kindheitssituation entstanden sind, zuwenden.

Als Peter in der Abschlussrunde meinte, »das hätte Rainer auch gutgetan!«, konnte er selbst (zusammen mit den anderen) über seine nun auch selbst als übertrieben empfundene externalisierte Fürsorge lachen. Sein neuer Glaubenssatz, den er sich während der Übung als Kontrast zum alten erarbeitet hatte, hieß, »wenn es mir gut geht, gebe ich auch den anderen genug!«

»Ich bin zwar nicht alles losgeworden, was mich belastet, doch der Nebel hat sich sehr gelichtet – ich weiß jetzt, woher er kommt, und habe mehr Abstand zu damals gewonnen«, so ein Kriegskind ganz realistisch.

»Man ist ja auch ein bisschen größenwahnsinnig, wenn man immer denkt, den anderen retten zu können«, schloss eine Kriegsenkelin diese Reflexion ab.

Ich beendete die Runde mit dem Satz, dass die Wendung hin zur genügend guten Selbstfürsorge eine der wichtigsten Kurven im Leben sei.

7. Liebe den/die andere(n) wie dich selbst
Zurück zur Selbstliebe

Die nächste Sitzung eröffnete ich mit dem offenen Impuls dieses Bibelspruches und der Frage, ob von der letzten Sitzung noch etwas offen geblieben sei.

Maria war noch lange mit dem Überforderungsgefühl beschäftigt, das sie ursprünglich ihrer Mutter zuordnet: »Diese hat nie Gefühle gezeigt und kaum Lebendigkeit zugelassen, auch und gerade bei den Kindern nicht. Lebendigkeit hätte *fühlen* bedeutet, und das wollte sie wohl unterbinden«, so Marias nachdenklicher Bericht.

Erst nach deren Tod habe sie von einem Onkel erfahren, dass ihre Mutter auf der Flucht nach Kriegsende ein Kind austrug, das aus einer Vergewaltigung gestammt habe. Es sei behindert gewesen und kurz nach der Geburt gestorben, was bei allen in der Gruppe unangenehme Assoziationen (totgemacht?) auslöste.

»Dies hat sie immer für sich behalten, da es ihr gegenüber meinem Vater und ihrem Partner als zu gefährlich erschien, darüber zu sprechen. Die sich selbst als Schutz auferlegte Härte habe ich (Maria) zu spüren bekommen, die Resultate spüre ich heute noch.

Wenn mich mir nahestehende Menschen kühl anschauen, erlebe ich diesen Blick sogar als ›kalt‹, und mir wird immer ganz anders. Ich muss richtig aufpassen, keine Paranoia (Verfolgungswahn) zu entwickeln.« – »Wie machst du das denn?« – »Ich gehe aus der Situation meist raus und konzentriere mich auf etwas anderes«, fasst sie ihre Distanzierungsmöglichkeit selbst zusammen.

»Doch nachdem ich das erfahren habe über meine Mutter, habe ich mir noch weniger als schon zuvor das Recht gegeben zu jammern, denn ich selbst habe ja nichts Schlimmes erlebt.«

In der Gruppe wird nach dem Zusammenhang mit dem langen Aushalten in ihrer Ehe gefragt, in der sie einen ewig lange studierenden Mann materiell »ausgehalten« habe und dabei »seelisch fast ausgeblutet« sei, wie sie betont.

Andere fragen nach den Gründen, sich so extrem zurückzunehmen und nicht früher revoltiert zu haben.

Sie selbst beschreibt sich daraufhin als sehr angepasstes Mädchen, das eigentlich sehr lebendig und kreativ gewesen sei und dies aus Angst vor Beschämung durch die Mutter mehr und mehr eingestellt habe.

»Kinder tun viel aus Liebe zu ihren Eltern und können nicht riskieren, von diesen abgelehnt oder verstoßen zu werden«, so meine Intervention an dieser Stelle.

»Ja, und ich habe schon als kleines Mädchen das Bedürfnis gehabt, meine Mutter zu schützen, und ihr wenig von meinen Sorgen erzählt.« Dieses »allein mit allem fertig werden müssen« habe sie später mit der Versorgung ihrer beiden Kinder wiederholt: »Ich war allein an der Front«, beschreibt sie mit dieser Kriegsmetapher in bitterem Ton die verinnerlichte Härte sich selbst gegenüber. Hier entfacht sich eine lebhafte Diskussion in der Gruppe, das Leben nicht nur als Einzel-Kämpferin gestalten zu wollen: »Das hört sich ja gerade so an, wie wenn du kein Recht gehabt hättest, dir Hilfe zu holen?«, so bezeichnenderweise Dagmar, das älteste Kriegskind der Gruppe, zu ihr. An dieser Stelle wird Maria sehr traurig.

Ich lade an dieser Stelle alle ein, gemeinsam anzufühlen, was »passieren« könnte, wenn man relativ ungeschützt um Hilfe bittet, und diese Assoziationen mit Maria zu teilen, wenn dies von ihr gewünscht wird.

Maria nennt dann die »Angst vor Kontrollverlust« als stärkste Rückmeldung, die gerade bei ihr angekommen sei, »ihr Brustkorb zöge sich zusammen, wenn sie daran denke, denn dann habe sie keine Sicherheit mehr«.

»Die hatten Sie früher tatsächlich nicht und ertrugen sogar Verachtung, wenn Sie anderen auch mal etwas zumuten wollten«, so meine Intervention an dieser Stelle.

»Ja, den anderen wurde das dann schnell zu viel, und ich fühlte mich nicht ernst genommen in meinem Anliegen«, erklärt sie ihren Rückzug ins Alleinkämpfertum. »Und jetzt versuche ich bei meiner eigenen Tochter, das Gegenteil zu leben – immer für sie eine Ansprechpartnerin und Helfende zu sein – und verausgabe mich darin oft viel zu viel.«

Aus der Gruppe kommt von Sonja, einem Kriegskind, die Anmerkung, vielleicht erkläre dies ja ein bisschen, wieso sie sich auch in dieser Gruppe zugunsten der »Kriegskinder« immer wieder ein Stück zurücknehme und diesen den Raum überlassen würde?

»Ich möchte doch aber gerade von euch Kriegskindern vieles besser verstehen«, entgegnet Maria. »So, wie Sie damals auch so gerne die Mutter besser verstanden hätten in deren Schweigen?«, so meine Frage.

»Ja und Nein – ich bin so dankbar für die hier anwesenden Kriegskinder, denn die zeigen mir, dass es auch anders gehen kann. Sie sind fast eine Art Vorbild für mich!«

Aus der Gruppe kommen nun vielerlei Rückmeldungen an Maria, großes Interesse daran zu haben, mehr von ihr mitzubekommen, und dass ihr sensibles Aufandereeingehen auch sehr geschätzt wird. Sie selbst registriert, dass sie in dieser Gruppe tatsächlich in der Lage ist, um Hilfe zu bitten.

Ich bringe ein, dass die Kriegskinder-Eltern zu ihren »inneren Kindanteilen« weitgehend den Kontakt verloren hätten, da die NS-Ideologie diese Selbstverleugnung zugunsten eines idealisierten Reich- und Führer-kollektiven Selbst einforderte. Sie wurden sozusagen gleichgültig sich selbst und später auch ihren Kindern gegenüber.

»Wie könnte denn für uns nun eine neue Mütterlichkeit und Väterlichkeit uns selbst gegenüber aussehen, wenn wir einige dieser alten Glaubenssätze aufgeben würden?«

Die dann entstehende Nachdenklichkeit und Traurigkeit in der Gruppe fanden ihr Verständnis durch die Anmerkung, dass es ja auch nicht einfach sei, »ein Erbe, gleich welcher Art es ist, auszuschlagen, denn dies gibt auch Halt und Struktur, wer man ist. Und Abschied von etwas ist ja auch traurig.«

Alle machten sich einzeln in einer geführten Meditation deutlich, von was sie sich zu diesem Thema verabschieden wollten, fassten dies in »Glaubenssätze, die vorbei sind«, und teilten dieses Loslassen danach miteinander in einem Feuerritual.

Es wunderte mich nicht, dass sich die Gruppe nach dieser Loslassen-Arbeit für eine angebotene Imaginationsübung entschied zum Thema: »Ich bin die Hauptperson in meinem Leben.«

Am Ende dieser Sitzung kam eine der Kriegskinder-Teilnehmerinnen auf den Bibelspruch vom Anfang zurück: »Bei ›Liebe den anderen wie dich selbst‹ wird immer der Anfang des Satzes betont. Jetzt fühle ich deutlich, dass dies nur möglich ist, wenn zuerst der zweite Teil des Satzes ernst genommen wird.«

Und ich schloss die Runde mit dem Zitat Martin Bubers, »Ich werdend spreche ich Du« (Buber, 1977, S. 18), das auf die Dialektik zwischen beiden Polen und die Notwendigkeit des sie verbindenden Dialogs hinweist.

8. »Und bist du nicht willig« ...
Traumatransmissionen unterschiedlichster Gewalterfahrungen

»..., dann brauch ich Gewalt«, mit dieser Verszeile aus Goethes »Erlkönig« eröffnete Michelle, eine Kriegsenkelin, in der Eingangsrunde ihre Verarbeitung der letzten Gruppensitzung, in der es um den »Kampf zwischen den Generationen« und dessen Befriedung ging. (Siehe Puzzleteil Nr. I. 4)

Sie hatte durch das In-die-Hände-Klatschen von mir in dieser Sitzung, um die Achtsamkeit für andere wiederherzustellen, einen Teil ihrer Gewalterfahrungen aus der Ursprungsfamilie erinnert: Latent »schwebte immer eine Art Bedrohung über mir, wenn ich etwas falsch machen würde, eine Ohrfeige oder noch Schlimmeres abzubekommen. Dabei war oft gar nicht klar, wann etwas als *falsch* oder *richtig* von den Eltern eingestuft wurde.«

Diese »Willkürherrschaft« wurde von den Kriegskindern bestätigt: »Die väterliche Gewaltausübung war ja noch viel legitimer als heute. Und die Bereitschaft zu scheinbar grundlosen Wutausbrüchen und körperlicher Gewaltanwendung immens groß und unberechenbar«, so Dagmar über ihren Vater, dessen Jähzorn und Ohrfeigen sie in der Kindheit sehr geängstigt und verletzt hatten. »Wenn er für einige Tage von der Front nach Hause kam, war es am schlimmsten.«

»Doch auch die Frauen waren nicht so ohne«, ergänzte Sonja die Erfahrungen mit ihrer Mutter: »Ich las nur irgendetwas, das nicht für mich bestimmt war, schon wurde ich an den Haaren ins Wohnzimmer gezerrt und mir auf den Kopf und ins Gesicht geschlagen!« Dagmar nahm hier die Hand von Sonja, die neben ihr saß, und streichelte sie.

Fast alle aus den verschiedenen Generationen hatten in großem Ausmaß und sehr lange körperliche Gewalt in der Familie erlebt und zeigten sich jetzt gegenseitig, auch körperlich, ihr mitfühlendes Verständnis.

»Ich konnte oft gar nicht der zeitweisen Ruhe in der Familie trauen«, so Sonja, »denn jederzeit konnte wieder etwas Schlimmes passieren.« Diese »permanente Anspannung« spüre sie heute noch. Sie stellte auch zu ihrer »geringen Stressresistenz« einen Zusammenhang her: »Dauernd bin ich schnell erschöpft und muss abends früh heimgehen, um zu schlafen.«

»Doch vielleicht schützt dies dich auch, dir noch mehr aufzuladen oder Sorgen von anderen anzuhören!«, so Michelle zu ihr. Andere empfahlen ihr, diese »Kriegs- und Vertreibungsfolgen« als realistisch einfach anzunehmen, man könne »nicht alles im Nachhinein ändern«.

Eine gewisse Demut zeigte sich in der Gruppenstimmung, das eigene So-Geworden-Sein anzuerkennen.

»Lernen, auch mit unbeantworteten Fragen zu leben« (Boss, 2008, S. 85) stand dann gleichberechtigt neben dem Wunsch, »einiges doch besser verstehen zu wollen«.

Bei Michelle zeigte sich die Angst vor Gewalt eher »sublimer«, sodass ihr schon ein Händeklatschen genüge, um sich seelisch wieder »übermäßig verletzlich« zu fühlen, »obwohl ich ja weiß, dass mir hier gar nichts passiert! – Außerdem erhole ich mich viel schlechter und langsamer von Schicksalsschlägen als ihr Älteren«, verglich sie sich mit Blick auf die Kriegskinder vor dem Hintergrund ihrer eigenen Burn-out-Erfahrung.

»Willst du wirklich mit diesem unverwüstlichen Panzer der Älteren tauschen?«, fragte Peter sie provokativ und erntete natürlich sofort Widerspruch bei den Älteren: »So hart wie Kruppstahl sind wir ja nicht mehr, so waren vielleicht unsere Eltern! Diese haben seit der Kaiserzeit nur Gehorsam und Strafe, Strammstehen und Unterwerfung erlebt! Du wirst doch nicht behaupten wollen, dass du uns hier in der Gruppe so erlebt hast?«

Jetzt erlebten die beiden Kriegskinder der Gruppe eine große Anerkennung, anders als die realen Eltern der anderen Teilnehmerinnen doch das Selbstbewusstsein und die Ausdauer zu besitzen, sich aus der Komfortzone der Verdrängung heraus in eine nicht immer einfache Aufarbeitung hineinbewegt zu haben, die beide sichtbar genossen. »Ich bin so froh, dass ihr da seid, auch, dass ihr da bleibt so lange Zeit, und ich diese Erfahrung mit euch neben die mit meinen

Eltern stellen kann«, fasste Maria, das Nachkriegskind, ihre Dankbarkeit in Worte.

»Sich vergleichen bringt gar nichts, das macht das eigene Leid auch nicht leichter«, lenkte Peter ein. »Jedenfalls können wir jetzt alle offen über Gewalterfahrungen reden, und es muss nicht mehr alles versteckt ›in der Familie‹ bleiben.«

»Und jetzt wird es ja gesetzlich zumindest schon als Unrecht eingeschätzt, was früher noch als ganz legale familiäre Gewalt galt«, so die Gruppenjüngste Michelle.

Wie total die Gewaltausübung durch die NS-Ideologie auch bei der kindlichen Erziehung gerechtfertigt wurde, brachte dann Dagmar mit Beispielen aus der Erziehungstheorie von Johanna Haarer (Chamberlain, 2003) ein, an die sich eine sehr berührende Diskussion um seelische Gewalt anschloss.

»Damals ging man ja davon aus, dass Babys nichts fühlen können. Dieser Mythos führte dazu, dass meine Eltern mich und später meine Schwester ganze Wochenenden lang allein in unseren Betten liegen ließen und nur zu festen Zeiten die Nachbarin mit der Flasche rübergeschickt wurde zum Füttern. Sie selbst fuhren zu Fortbildungen ganze Wochenenden lang.«

Die Erstarrung und das Schweigen, die sich daraufhin in der Gruppe als Gegenübertragung zeigten, erklärte ich mit den Todesängsten eines Babys, das das Gefühl bekommen musste, für immer allein gelassen zu sein, da es ja noch nicht »wissen« kann, dass die Mutter irgendwann wiederkommt.

»Jetzt fühle ich, wieso ich immer so schnell Verlustängste und Panikzustände habe, auch wenn gar kein wirklicher Abschied ansteht«, so Dagmar traurig und verständnisvoll mit sich selbst. Jetzt nahm Sonja ihre Hand und hielt sie einfach.

»Später führen diese Verlustängste beim Kind dazu, die eigenen Bedürfnisse zurückzustellen, um dazuzugehören. Das Kind will ja, dass die Mutter glücklich ist, und fühlt sich bei einer emotional abwesenden Mutter selbst als schuldig«, ergänze ich zum Verständnis der sich ausbreitenden traurig-bewussten Verarbeitung in der Gruppe.

»Außerdem wird der eigenen Wahrnehmung dann nicht mehr getraut, wenn die Eltern die Hilflosigkeit des Kindes abwehren mussten, um nicht an die eigene erlebte und abgewehrte Hilflosigkeit zu rühren. Da kommen dann schnell so Sätze wie ›ach, bist du wieder komisch oder kompliziert, stell dich nicht so an!‹ Und zurück bleiben eine Verunsicherung beim Kind und ein Schuld- oder Schamgefühl.«

»Über eine Form von Gewalt haben wir heute noch gar nicht gesprochen«, merkte Maria, ein Nachkriegskind, hier zögerlich an und überprüfte erst in der Runde, ob die anderen »noch etwas verkraften« könnten.

»Da habe ich auch lange meiner eigenen Wahrnehmung misstraut. Eigentlich betonte meine Mutter immer wieder, wie schön Sexualität auch sein könne, doch gleichzeitig auch, dass ich mir ›wegen einer schönen Nacht‹ nicht das ›Leben versauen‹ solle. Ich bezog das immer auf zu frühes Schwangerwerden und gab ihr dabei recht. Dabei habe ich aber immer auch ein Erschrecken meiner Mutter gespürt und ein gefühlsmäßiges Dichtmachen, wenn ich nach solchen Aufklärungsgesprächen weiter nachfragen wollte.«

Hier erinnerte sich die Gruppe, dass Maria die Vergewaltigung ihrer Mutter auf der Flucht von Polen durch die CSSR schon einmal erwähnt hatte und auch die angebliche Totgeburt eines Babys, die daraus folgte.

»Du hast also ganz widersprüchliche Botschaften zu Sexualität erhalten, schön bis hin zu todbringend«, unterstützte Sigrid das vorsichtige Sichherantasten Marias an dieses schwierige Thema.

»Das könnte ich ja noch verkraften, doch ich frage mich heute, wie sie es ausgehalten hatte, dieses Trauma über all die Jahrzehnte auch vor uns Kindern und vor ihrem Mann geheim zu halten.«

»Sie hat es ja auch vor sich selbst versucht geheim zu halten, und ich frage mich, wie dies Unverarbeitete bei Ihnen als Baby und später als Jugendliche und als erwachsene Frau angekommen ist«, so mein Nachfragen.

»Ich habe ja schon von meiner Angst vor ihrem strengen, manchmal fast ›tödlich‹ wirkenden, Blick und ihrer widersprüchlichen Art, mit mir umzugehen, gesprochen, und diese Angst habe ich in übertriebener Form auch bei anderen Menschen, die mir gar nichts tun!«, antwortete Maria nachdenklich.

»Dauernd ist latent eine Verlustangst mit im Spiel bei mir.«

»Die ja auch real war, wenn sie Ihnen gegenüber den Kontakt immer wieder abgebrochen hat«, bestätigte ich ihre Wahrnehmung.

»Und sie erzählte später immer wieder, dass sie sehr aktiv war, tüchtig, und man sich selbst nicht so wichtig nehmen solle, es gehe ja immer alles vorbei …« …, »sodass sie sich gefühlsmäßig entziehen und der Hilflosigkeit des kleinen Kindes nicht begegnen musste«, ergänzte ich.

»Und noch nicht mal meine Hilflosigkeit in einer mich überfordernden Ehe konnte sie später ertragen, sie war bei diesem Thema wie tot für mich«, so Maria. »Und ich ringe mit mir selbst, mir meine eigene Lebendigkeit zuzugestehen!«

Hier ergänzte sich nun die Gruppe mit ihren Erfahrungen um ähnliche abgewehrte und weitergegebene Gefühle bei den Eltern: Viele ihrer Mütter hatten auf der Flucht oder nach Ende des Krieges sexuelle Gewalt erlebt und diese nie bewusst betrauert.

Töchter wie Söhne nahmen diese »entlehnten« Gefühle wie eben diese Trauer auf sich, so Peter, ohne sich diese aus der eigenen Biografie heraus erklären zu können. Erst als er im Fernsehen Professor Philipp Kuwert gehört habe, den die Vergewaltigung seiner Großmutter im Krieg so berührt hatte, dass er dieses frauenspezifische Thema durch eine Kollegin zusammen in Buchform herausbrachte (Kuwert & Eichhorn, 2011), fragte er auch bei seiner eigenen Mutter nach und wurde in seiner Annahme bestätigt: »Ich habe sehr unter ihrem inneren Rückzug gelitten, den ich mir danach besser erklären konnte. Trotzdem war es schlimm für mich als Kind, ihr nicht wirklich helfen zu können! Und Therapie kam für sie nicht infrage! Ich war als Mann später auch verunsichert, wie das denn nun gehen soll, ein *anderer* Mann zu sein als manche Männer aus meiner Vätergeneration, die Vergewaltigung oftmals als Machtmittel einsetzten, auch noch nach dem Krieg.«

»Ja, der Krieg ging noch lange in den Familien, vor allem gegen Frauen und Kinder, weiter – und was hat sich im Vergleich zu heute geändert?«

»Allein, dass wir hier so offen darüber sprechen können, uns den Raum dafür geben«, meinte Sigrid nachdenklich und hielt dabei noch immer die Hand von Dagmar, »und uns auch trösten dabei!«, und erntete einen dankbaren Blick von Dagmar und den anderen.

»Und alle haben da etwas erlebt, ob körperlich oder psychisch«, so Maria zusammenfassend, »und wollen dies nicht so an ihre Kinder weitergeben.«

Und sie erzählte noch berührende Beispiele, wie ihre Kinder – anders als sie selbst – angstfrei von Gewalt lernen und Fehler machen dürfen. »Ich selbst habe beim Lesenlernen noch viele Schläge auf den Hinterkopf bekommen von meiner Mutter! Das ist nun vorbei!«, und fasste sich selbst liebevoll an den Hinterkopf. »Dabei hatte meine Mutter später selbst von ihren eigenen Schwierigkeiten erzählt beim Lesenlernen! Und sie konnte uns Kindern auch nie gut vorlesen!«

Diese bewusste Unterbrechung der Traumaweitergabe an die nächste Generation wurde in der Gruppe sehr anerkennend konnotiert: »Was bin ich dankbar, dass es in der übernächsten Generation so gut weitergehen darf!«, so Sigrid mit Tränen in den Augen.

Sie erzählte wiederum eigene Beispiele ihrer Enkel, die sie durch ihre offene, gefühlvolle Art der weitgehend angstfrei Aufwachsenden dazu brachten, das eigene innere Kind von vier Jahren besser fühlen zu können, das alle Schrecken und Strapazen der langen Flucht durchleben musste.

»Da werde ich manchmal richtig traurig, wenn ich das vergleiche.« – »Ja, geben Sie der Kleinen ruhig Ihre Hand«, unterstützte ich ihre eigene Bewegung der Hände zueinander, »das braucht die Kleine in Ihnen noch ganz lange.«

Zum Verständnis für alle fügte ich hinzu: »Und wenn wir die damalige Hilflosigkeit des kleinen Kindanteils annehmen und jetzt spüren, dass wir als Erwachsene diesem Anteil in uns beistehen können, indem wir ihn aus der damaligen Situation herausholen, dann geht es heute für uns psychisch gut weiter, denn ›nur unverarbeitete Trauer führt zu psychischem Stillstand‹«, bezog ich mich auf eine Stelle aus dem Buch von Margarete Mitscherlich (2010, S. 193), die mir selbst gut gefällt.

»Und trauern haben wir in dieser Gruppe ja gut geübt, ist gar nicht so schwer – und hört sogar wieder auf!«, leitete Michelle händeklatschend und erleichtert die Pause ein.

Danach entschied sich die Gruppe für eine geführte Imagination zu diesem Thema, in der jede als Erwachsene mit ihren jetzigen Fähigkeiten das jeweilige innere Kind unterschiedlichen Alters aus einer selbst gewählten »Gewalt«-Situation herausholte und am eigenen inneren Ort gut versorgte.

9. »Das hat mich gestärkt – trotz alledem!«
Resilienzentwicklung und »Traumatic Growth«

Die nächste Gruppensitzung wurde von Maria eröffnet, die sich noch einmal auf die von der Mutter erlebte sexuelle Gewalt bezog, deren Auswirkungen auf sie von ihr inzwischen sehr differenziert gesehen wurden: »Ja, ich habe darunter gelitten – gern hätte ich von ihr mehr Wärme, mehr Toleranz erlebt – und doch kam ein Teil von ihr bei mir stärkend an – und ich wundere mich im Nachhinein, dass dieser Teil in ihr überlebt hat, nämlich, mir auch eine große Freude an Sexualität zu vermitteln.«

»Sie konnte sich dann doch wieder auf dieser Ebene dem Leben anvertrauen, das ist eine große Stärke!«, so Sigrid mitfühlend. »Ja, und das trotz oder gerade wegen ihres Traumas, und das habe ich von ihr auch bekommen, genau diese Stärke«, so Maria anerkennend. »Trotz meiner unbefriedigenden Ehe habe ich mir meine Lust erhalten.«

»Resilienz ist ja gerade die Fähigkeit, zum positiven Anteil wieder den Kontakt herzustellen, und damit haben Sie ja alle Ihre Erfahrungen gemacht«, meine Überleitung zu allen in der Gruppe.

»Das bildet sich aber auch erst mit der Zeit heraus, diese Fähigkeit«, so Dagmar zu ihrer eigenen Resilienz im bewussten Umgang mit ihren traumatischen Erfahrungen. »Diese Fähigkeit wird stärker mit der Zeit!«

»Wie genau hast du das geschafft?«, so Nachfragen aus der Gruppe.

»Ich habe früh gemerkt, dass in meiner eigenen Generation für mich ›nicht so viel zu holen‹ war, die waren meist so abgekapselt und blieben auf der äußeren, materiellen Ebene.

Mit jüngeren Menschen ging es mir einfach viel besser. Und in den Projekten, denen ich mich zum Erhalt unserer Demokratie angeschlossen habe, waren ja auch viele Junge. Die haben mich sehr anerkannt, das tat mir gut!« – »Ja, dein Mitgefühl, dein praktisches Engagement ist wirklich außergewöhnlich für deine Generation!«

Auch das andere Kriegskind wurde sehr gelobt: »Und du malst so toll, hast deinen ganzen Schmerz um die Vertreibung in Bilder gepackt!« – »Ja, und ich habe meine Liebe zu Russland wiederentdeckt, zur russischen Sprache, Literatur, zur russischen Melancholie«, so Sonja, die diese »Umwandlung« von Feind zu Freund schon bei sich selbst anerkennen konnte. »Auch durch die konkrete Begegnung von Mensch zu Mensch hat sich das bei dir verändern können«, so Dagmar zu ihr, die von Sonjas guten Kontakten zu russischstämmigen Mitbürgerinnen wusste.

Auch die Jüngeren in der Gruppe wussten um ihre in Krisen entstandenen Kompetenzen: »Seit ich in der Klinik war, gehe ich fast jeden Tag in die Natur, ich bewege mich ja so gern!«, so Michelle. »Und du tanzt ja auch, wenn du dich belastet fühlst, und tanzt dann einfach alles weg«, sagte Sigrid liebevoll zu ihr.

Es wurden viele weitere Ressourcen aufgezählt, die helfen können, auch in neuen, belasteten Situationen gut mit sich umzugehen.

Ob es wirklich ein »Traumatic Growth« gibt, ein Wachsen durch das Trauma, ließen wir zu diesem Zeitpunkt offen, doch dass es auch in den schlimmsten Zeiten »gesunde Anteile« in allen gibt, wurde miteinander geteilt: »So schlimm es auch manchmal ist«, so Dagmar zu allen, »wenn ich von gleichaltrigen Männern zurückgewiesen werde und mir dann schwöre, mich nie mehr zu öffnen – im Grunde genommen möchte ich nicht so unverwundbar wie eine Science-Fiction-Gestalt werden, es macht mich sonst auch anderen gegenüber gefühllos!«

Sie bekam nochmals Rückmeldung von allen, wie sehr sie mit der Meisterung ihrer körperlichen Einschränkung, mit ihren vielen gemeinnützigen Aktivitäten und ihrer Aufgeschlossenheit Neuem gegenüber von allen als sehr resilient eingeschätzt wird, was sie sichtlich freute: »Dann hat mich das alles doch gestärkt, trotz alledem!«, so ihr annehmender Kommentar, und sie widersprach auch nicht mehr, als eine aus der Gruppe sie verbesserte: »MIT alledem!«

Ein anderes Mal sollte sie dann eine aktuelle Situation mit einem befreundeten Mann aufarbeiten, die zu großer Trauer um das ›nicht gelebte‹ Leben führte. Auch dieser konnte sie sich mutig stellen, getragen von der Empathie der ganzen Gruppe, und sie beendete diese Verlusterfahrung mit dem Satz, »aber es gibt auch anderes, Schönes in meinem Leben«, was wiederum ihre stark ausgebaute Resilienzfähigkeit zeigte.

Nach der längeren Pause, die alle mit gemeinsam geteiltem Essen immer sehr genießen, schlug ich eine Übung vor, in der wir verschiedene Distanzierungstechniken einüben konnten: Wenn etwas Unangenehmes getriggert wird, soll zwischen auslösendem Reiz und der eigenen, ansonsten reflexhaft schnellen Reaktion eine Distanzierungspause eingelegt und auf einige inzwischen bekannte Methoden der Selbstregulation zurückgegriffen werden.

Manche machten dies innerlich mit der bekannten Imagination eines sicheren Ortes oder der Erinnerung an eine heilsame Erfahrung, andere wiederum nahmen einen Igelball oder Ähnliches in die Hand, so lange, bis sich wieder andere Gehirnregionen zur Amygdala und zum Hippocampus mit dazuschalteten und den ganzen Organismus beruhigten. Erst danach, wenn wieder »Vernunft« eingeschaltet, wenn die Wahlfreiheit wiederhergestellt war, sollte innerlich auf den so »bedrohlich« wiedererlebten Reiz reagiert werden. Und siehe da: Aus dem Ungeheuer war eine kleine, wenn auch lästige Fliege geworden, die entweder leichter angenommen oder relativiert werden konnte.

Diese Distanzierungstechniken halfen allen, wieder einmal zu fühlen, dass die ursprünglich wirklich verletzenden oder gar traumatisierenden Reize jetzt mit den gefühlten Ressourcen und Erfahrungen als Erwachsene im Bewusstsein ihre Macht weitgehend verloren hatten, denn es ist ja in Wirklichkeit alles »vorbei«, längst überlebt.

Was blieb, war ein tiefes Bedauern über das oftmals lange versäumte Leben.

Dieser »Rettungsweg« wurde gewählt, um dem Wiederholen dieser unangenehmen und oftmals bedrohlichen Gefühle auszuweichen, was von Sonja so ausgedrückt wurde: »Ich kann die Zeit nicht mehr zurückdrehen hinter die Erstarrung und Vermeidung von allem Möglichen. Ich möchte es jetzt einfach so annehmen, dass ich das lange so unbewusst liegen gelassen habe. Doch jetzt liegt noch ein Stückchen Zukunft vor mir, in das ich mich einfach gerne noch so lange wie möglich bewusst hineinbewegen möchte.«

»Und das vierjährige Kind dabei innerlich auf den Schoß nehmen und es halten und trösten und seine Müdigkeit und seine Nackenschmerzen einfach verstehen und annehmen.« Sie nickt: »Dieses Kind möchte ich noch viel mehr betüteln.«

Die Runde ist sehr berührt von dem, was unveränderlich ist in jeder von uns und welcher Demut es bedarf, nicht alles »wegmachen« zu wollen und zu können.

Sonja stimmt dem zu: »Damit nehme ich ja auch einen Teil meines Schicksals an, das in mir abgespeichert ist. Und die kleine Vierjährige ist schon einmal mit allem allein gelassen worden. Jetzt versuche ich, bei ihr zu bleiben.«

Und die Gruppenälteste schließt die Runde, zu ihrer Altersgenossin gewandt: »Ein schöneres Beispiel, dass es nie zu spät ist für Selbstliebe, habe ich noch nie gehört als eben von dir; und die Selbstliebe umfasst die ganze Person, mit alldem, wie wir geworden sind.«

10. »Da ist mir keine Hornhaut gewachsen – im Gegenteil! Bei jedem Heimatfilm fange ich an zu weinen!«

Vertreibung und Flucht und ihre Auswirkungen im Alter

In einer der Gruppensitzungen fragte mich Sonja, ob es eigentlich »Zahlen« gäbe zu den Auswirkungen von Flucht- und Vertreibungserfahrungen. Zuerst einmal ist es mir immer wichtig, die Fragen konkret ernst zu nehmen und allen selbst die Verantwortung zu lassen für ein weiteres persönliches »Einsteigen« in ihr Thema.

»Ja«, sagte ich und berichtete aus der Untersuchung von Struwe und Fischer (2006): »Von den 12–14 Millionen Vertriebenen aus den Ostgebieten sind etwa 2 Millionen bei oder direkt nach der Flucht gestorben. Von den anderen ca. 12 Millionen Fluchterfahrenen haben allein 10 % eine nachgewiesene volle ›Posttraumatische Belastungsstörung‹, die sich nach dem offiziellen Kriterienkatalog mit vielen verschiedenen Symptomen zeigen kann.« Auch spätere Untersuchungen wie die von Maercker u. a. (2015) bestätigen diese Zahlen.

»Dabei«, so gebe ich zu bedenken, »sind die meisten der Vertriebenen ja gar nicht zum Arzt gegangen. Endlich angekommen in der neuen, ›kalten‹ Heimat (Kossert, 2008), wollten sie dazugehören und haben wie die anderen Deutschen auch ›die Ärmel hochgekrempelt‹ für den Wiederaufbau und versuchten, alles andere zu verdrängen. Die körperlichen und seelischen Auswirkungen zeigten sich meist erst später, wenn sie mehr im ›Entspannungsmodus‹ angekommen waren, überwiegend im Alter.«

In der Gruppe mich umschauend, nahm ich einen *sorgenvollen Modus* wahr: Die meisten hatten in der Familie einen oder mehrere vertriebene nahe Verwandte, nur zwei waren selbst von Flucht und Vertreibung betroffen.

»Kann es sein, dass einige von uns den elterlichen Sorgenmodus übernommen haben, oder was berührt Sie an diesem Thema?«, so deshalb mein Impuls an die Gruppe.

»Meine Mutter erzählte mir öfters, dass sie gar nicht mehr wusste,

Bild 1: »Flucht und Vertreibung« von Lisa Klauk

wer sie eigentlich sei, als sie endlich im Westen angekommen war. Ihre Arbeit konnte sie nicht mehr fortsetzen, ihre Verwandtschaft war in alle Teile Westdeutschlands verstreut, ihre Mutter während des Krieges gestorben«, so Michelle. »Und ich frage mich ja auch andauernd, wo es bei mir langgeht, und ringe sehr mit mir, bis ich nach langen Kämpfen zu meinen Entscheidungen stehe, z. B. den Beruf wechseln zu wollen, also nicht mehr dem Berufswunsch meines Vaters zu folgen.«

Aus der Gruppe wurde nachgefragt, wie sie das hinbekommen habe. »Da hatte ich zuerst so ein schlechtes Gewissen und habe endlos mit meiner Mutter darüber reden müssen, bis sie mir schließlich den Segen dafür gegeben hat.« Diese Möglichkeit zu neuer Kommunikation – so lange miteinander sprechen, bis frau sich verstanden fühlt – wurde von den anderen wertgeschätzt.

Andere bestätigten aus Erzählungen von Verwandten, welch katastrophalen Auswirkungen auf deren Identität es hatte, alles, was sie materiell »ausmachte«, zurücklassen zu müssen. »Und es war ja auch endgültig und unumkehrbar«, so Peter, »sie konnten nie mehr zurück und wussten das auch schon früh. Deshalb haben mein Onkel und meine Tante immer ganz schnell Ängste, wenn es heute um Geldentwertung und Inflation geht, sie wollen nicht nochmals ›alles‹ verlieren. Ich selbst habe die Angewohnheit, mein Geld immer in verschiedenen Sparmöglichkeiten anzulegen. Vielleicht kommt das ja auch daher? Und Lebensmittel wegzuwerfen, fällt mir heute noch sehr schwer, das finde ich aber auch gut!«

Die Gruppe tauscht sich darüber aus, dass einiges, das übernommen wurde, ja auch gut so sei, da heute eher eine zu große Verschwendung und zu wenig Achtsamkeit den begrenzten Ressourcen gegenüber herrschten.

»Doch ihr macht das alles freiwillig«, meldet sich Sonja hier wieder zu Wort, »das ist etwas ganz anderes, wie wenn es so zwangsweise in einem ist. Wenn ich in der Stadt nachts mit dem Fahrrad unterwegs bin, fühle ich mich ganz schnell verfolgt, und wenn ich irgendetwas am Straßenrand liegen sehe, zucke ich sofort zusammen, weil ich denke, es sei eine Leiche.« Aus der Gruppe wird nachgefragt, ob ihr denn nachts schon einmal etwas passiert sei, und sie verneint.

»Das kommt sicher von früher. Obwohl ich mich selbst nicht mehr an die Flucht erinnern kann, weiß ich von meiner Mutter, dass wir nach wenigen Stunden ›Wachschlaf‹ oft nachts weitermussten, weil die Russen nahten. Und ich spüre heute noch die Angst meiner Mutter von damals, wenn sie das erzählt!«

»Und was tun Sie jetzt, wenn Sie nachts diese Angst spüren?«, so meine Frage.

»Wenn ich unterwegs bin, fahre ich nur große, beleuchtete Straßen«, so Sonja, »das beruhigt mich schon, und ich bin ja auch relativ schnell«, so die sportliche, durchtrainierte Frau. »Und wenn ich nachts nicht schlafen kann, denke ich jetzt immer an eine der Distanzierungsübungen oder gehe bewusst mit der Kleinen an meinen sicheren Ort. Das ist ein Vogelnest hoch oben in einem Baum, und da ist sie sicher.«

»Sie können sich und Ihre innere Kleine heute also anders als damals sehr gut in Sicherheit bringen«, spiegle ich nochmals bestärkend ihre Worte.

»Und du entscheidest selbst, nicht immer wieder reflexartig in die

Erinnerungen von damals hineingehen zu müssen!«, so Dagmar anerkennend zu ihren Distanzierungsmöglichkeiten.

»Ja, aber meine körperlichen Beschwerden hätte ich doch gerne los!«, beharrte sie. Sie hatte in der Gruppe schon öfters über ihre Nackenstarre und ihre chronische Müdigkeit geklagt.

In der Gruppe entfachte sich nun eine Diskussion darüber, dass Körper und Seele miteinander verbunden und alle Erlebnisse im Körper abgespeichert sind. »Manches ist aber auch wirklich schwer auszuhalten«, wurde ihr gegenüber von der Gruppe auch Mitgefühl ausgedrückt, gleichzeitig aber auch die Gewissheit, dass nicht alles im Nachhinein mehr zu ändern sei: »Wenn du deinen Arm gebrochen hast, bleibt diese Stelle ja auch immer besonders empfindlich, und du achtest auf den Arm besonders gut«, so Dagmar zu ihr.

Ich nutzte diese Gelegenheit, um die Grenzen unserer Selbsterfahrungsgruppe im Unterschied zu einer noch mehr vertiefenden und evtl. »lösenden« Einzel-Traumatherapie nochmals deutlich zu machen, über die ich mich mit Sonja schon im Vorgespräch verständigt hatte (siehe Kap. III. 7. bei »Wegweiser«/Überweisungsmöglichkeiten).

Dabei gewann ich heute erneut den Eindruck, dass Sonja bis auf die beschriebenen körperlichen Symptome insgesamt ihre Balance gefunden hatte, durch ihre kultivierten kreativen Möglichkeiten und ihr ausgeglichenes Familienleben diesen Teil der Vergangenheit zumindest etwas relativieren zu können.

Sonja endete mit dem bedauernden, aber auch die jetzige Realität anerkennenden Satz: »Damals ist mir keine Hornhaut gewachsen, obwohl ich Hunderte von Kilometern gelaufen bin, im Gegenteil: Ich bin sehr empfindlich geworden. Und wenn ich jetzt bei jedem Heimatfilm noch weinen muss, dann ist das einfach die verlorene Heimat in mir. Und in dieser Stadt hier bin ich jetzt trotzdem sehr gerne.« (Auf die süddeutsche Stadt anspielend, in der sie seit 50 Jahren mit ihrer Familie lebt.)

Eine andere Auswirkung dieser »erzwungenen Wanderschaft« (Weizsäcker, 1985) auf die Nachfahren wird dann deutlich, wenn Maria, ein Nachkriegskind, nun von ihrer Sehnsucht spricht, endlich irgendwo ankommen und »Heimat finden« zu wollen. Sie empfinde diese Unruhe, dauernd am »falschen Platz« zu sein, schon seit ihrer Kindheit und erzählt, von der Gruppe darauf angesprochen, von ihrer Mutter, die nach ihrer Flucht eben keine freundliche Aufnahme im Westen fand und diese erlebte Kälte mit »fast übermenschlicher Tüchtigkeit zu kompensieren versuchte«.

Dagmar kommentiert mitfühlend: »Das muss man sich mal vorstellen – da hat deine Mutter schon unter Riesenanstrengungen und Gewalterfahrungen überlebt und findet hier kein Willkommen! Kein Wunder, wenn die alte Heimat idealisiert und innerlich festgehalten wird!«

»Ja, und ich habe von ihr aufgenommen, hier kann es nicht gut werden, wir müssen eh bald wieder weiterziehen!«, so Maria, nachdenklich ihre eigene Unruhe erforschend.

»Diese Schwierigkeit, sich da, wo sie sind, tief zu verwurzeln, sich ganz einzulassen, wird als ganz typisch für Kriegsenkel und auch Nachkriegskinder beschrieben«, bringt Sigrid ein, die gerade das Buch »Nebelkinder« (Schneider & Süss, 2015) gelesen hatte, in dem auch solch typische Übernahmen von Heimatlosigkeit durch die nächste und übernächste Generation beschrieben werden.

Und, auf Maria eingehend, wendet sie sich ihr zu: »Du hast ja auch diese Zähigkeit und Tüchtigkeit von deiner Mutter übernommen, hast deinem Mann das Studium finanziert und dann neben dem Beruf die zwei Kinder allein großgezogen!« – »Doch jetzt möchte ich genauer fühlen, wo ich wirklich hingehöre, jetzt ist Raum dafür da!«, so Maria ihre neue Lebensphase mutig anerkennend.

Nach der Pause wünschte sie sich denn auch eine geführte Meditation, in der sie einfach genauer spüren wollte, wohin »sie wirklich wolle«, und die Gruppe schloss sich ihr an.

Ich begann diese Meditation mit der Gruppe als möglichem, geschütztem Heimatraum, in dem man innehalten kann.

»Mich sein lassen« und »mich der inneren Stimme anvertrauen« folgten als Begleitsätze in ein ehrliches Wahrnehmen des Körpers und seiner Grenzen als »geschütztem Atemraum« hinein.

Aus dieser authentischen Körperwahrnehmung heraus, in der nichts beschönigt oder anders verändert werden sollte, wurde der Raum dafür geöffnet, sich mit der eigenen Vision zu verbinden, wo frau räumlich sein wolle. Und auch hier galt der Satz, »nichts muss geschehen, ich lasse mich (so) sein«.

Und es wunderte mich nicht, dass nach diesem Gewahrwerden der *Heimat in sich selbst*, im eigenen Körper auf diese Sehnsucht horchend, nach der Übung alle bekundeten, eigentlich an keinem anderen Ort als dem jetzigen leben zu wollen.

KAPITEL II

Von den »Puzzleteilen« zur möglichen Ganzheit

1. Wie nützt uns der erweiterte Traumabegriff zum Verstehen der drei Generationen?

Sie haben mit den »Puzzleteilen« des ersten Buchteils einen kleinen Einblick erhalten in Themenbereiche, die alle drei Generationen bewegen.

»Da klingt ja vieles gar nicht so schlimm«, werden Sie vielleicht gedacht haben oder »na also – geht doch!« Dann haben Sie womöglich die großartige Überlebens- und Gestaltungskraft (Resilienz) gespürt, die all diese Menschen auszeichnet, und vielleicht auch die seelische Stabilität, die immer wieder neu erarbeitet wird von Menschen, die – wie Sie und ich – einigermaßen ›normal‹ im Alltag, im Beruf, in der Partner/innenschaft und in der Familie »funktionieren«.

Man merkt es diesen und auch anderen auf den ersten Blick nicht sofort an, wie tief belastet, meist auch traumatisiert, sie sind, mit welchen »Fremdkörpern« sie tagtäglich und oft auch nachts in Form von schwerwiegenden physischen und psychischen Symptomen zu tun haben.

Im Unterschied zu einem echten Puzzle, das zwar auch langwierig zu vollenden sein kann, ist diese Art von seelischer Puzzlearbeit nie ganz fertig; die Veränderungs- und Entwicklungsmöglichkeiten – auch bei erlebten Traumata – gehen, so sagen es auch die modernen Hirnforscher, bis zu unserem Lebensende weiter.

Tröstlich ist auch der Aspekt, dass zeitweise bestimmte Puzzleteile des seelischen Gepäcks aussortiert oder beiseitegelegt werden können (siehe bei Distanzierungsmethoden in Teil III. 4.), wenn man momentan nicht die Kraft oder den Wunsch hat, diese anzuschauen. Diese Selbstregulation ist kennzeichnend für die Selbsterfahrungsarbeit allein oder in Gruppen.

Vielleicht ist Ihnen auch aufgefallen, dass es zunächst wenig zusammenhängende, kontinuierliche Erzählungen gibt in den beschriebenen Gruppen, die Erinnerungen oftmals fragmentarisch sind und manche Erfahrungsteile wie abgekapselt voneinander eine Art Eigenleben führen – und das auch erst einmal so bleibt, bleiben darf und muss!

Warum das so ist und was diese Menschen von anderen, die auch belastet sind, unterscheidet, soll im folgenden Teil mit der Darstellung des erweiterten Traumabegriffs verdeutlicht werden, um die besondere Dringlichkeit des Wunsches dieser Menschen, ihr Leben verändern, erleichtern zu wollen, besser zu verstehen.

Und sich selbst als Leserin und Leser vielleicht an manchen Stellen wiederzuerkennen und sich »gesehen« zu fühlen?

2. Vom Schocktrauma zum Entwicklungs- oder Bindungstrauma

Der Begriff des Traumas hat in den letzten Jahren eine fast inflationäre Ausdehnung erlebt, wird manchmal doch fast alles an erlebter Belastung gleichgesetzt mit »traumatisiert« sein. Dabei ist es in Wirklichkeit sehr bedeutungsvoll für Betroffene wie auch für heilkundige Begleiterinnen aller Couleur, hier gut zu differenzieren, um einen jeweils individuell angemessenen, hilfreichen Weg gemeinsam mit der Betroffenen zu entwickeln und dessen Begehung adäquat zu unterstützen.

Ursprünglich wurde mit der Beschreibung eines Traumas in der Medizin eine körperliche Verwundung beschrieben, die nach einer Naturkatastrophe, einem Unfall, einer Gewalttat oder ähnlichen Ereignissen das körperliche System der Betroffenen lahmlegt. Diese Reduzierung auf die körperliche Ebene des Schocks oder der Verletzung ist seit dem 19. Jahrhundert belegt. Hierbei handelt es sich um ein einmaliges Ereignis, das keine bleibenden Auswirkungen auf die Gesamtpersönlichkeit haben müsse, wenn es adäquat erkannt und behandelt wird.

Erst später entstand als Entgegnung und Erweiterung hierzu der Begriff des »Psychotraumas« als überwältigende, (auch) psychische Erschütterung und Verletzung.

Hierbei erscheint es mir wichtig zu sein, im Unterschied zu bloßer Belastung oder einzelnem Stresserlebens, die Totalität dieser Art von Überforderung bis hin zum möglichen Zusammenbruch des Gesamtsystems von Körper, Geist und Seele zu erkennen.

Deshalb wird in der Internationalen »Classifikation of Diseases der WHO« ein solches Trauma auch mit einer »Situation mit außerordentlicher Bedrohung oder katastrophalem Ausmaß« gleichgesetzt (ICD-10, F43.1), das »mit Gefühlen von Hilflosigkeit und schutzloser Preisgabe einhergeht und so eine dauerhafte Erschütterung von Welt- und Selbstverständnis bewirkt«. (Fischer & Riedesser, 2009, S. 84)

Beispiele hierfür reichen von Gewalterfahrungen, auch aller sexuellen Gewalt, dem lang anhaltenden Terror nationalsozialistischer Erziehungs- und Verfolgungsmethoden bis hin zu Kriegs-, Vertreibungs- und Vernichtungserfahrungen, auch wenn Letztere *nur* als Zeugin erlebt wurden.

Die sonst bei Belastungen einsetzbaren Bewältigungs- und Anpassungsmöglichkeiten des Individuums sind hier auf allen Ebenen überfordert bis dahin, dass sie durch überwältigendes Ohnmachts-, Schmerz- oder Angsterleben bis hin zu Todesangst zusammenbrechen.

Dabei werden verschiedenste traumakompensatorische, also das Trauma überleben wollende, Versuche je nach individueller Konstitution eingesetzt, die hier nur in Kürze erklärt werden sollen, um ein erstes Verständnis für manche Symptome zu bekommen. Wer dies genauer wissen möchte, findet in den Literaturanregungen reichlich Vertiefungsmöglichkeiten.

Als unmittelbare, spontane Reaktion auf das Trauma werden von Fachleuten folgende intuitive Überlebensversuche genannt: die (erfolglos versuchte) Kampf- oder Fluchtbewegung, das Erstarren (Freeze) und das »Nicht merken« (fragment) oder die Dissoziation zur Sicherung des eigenen Überlebens.

So werden zum Beispiel bei Letzteren die Bilder und Szenen traumatischer Erfahrungen von den damit verbundenen Gefühlen abgespalten und gewissermaßen im Gehirn an zwei voneinander getrennten und entfernten Orten aufbewahrt.

Das Unaushaltbare wird damit praktisch »auseinandergeschoben« im Gehirn, um seine lebensbedrohliche Wucht abzuschwächen.

So erfolgt die sogenannte Abkapselung.

Doch diese Bilder des traumatischen Geschehens sind nicht einfach verschwunden, sondern können in überwältigenden und überraschend vorkommenden »Flashbacks« (inneren Bildern des vergangenen Traumageschehens), die dazugehörigen dissoziierten »Kapseln« in Albträumen, unerklärlichen Panikattacken oder unstillbaren Weinkrämpfen wieder auftauchen.

Auch andere Reaktionsmechanismen wie Hyperarousal (dauernde Übererregung) bleiben auch nach dem traumatischen Ereignis oftmals überaktiv und belasten damit das Gesamtsystem mit einem so massiv gesteigerten Stresslevel, dass dieser massive Schlafstörungen, Muskelstarre, Reizbarkeit, Konzentrationsschwierigkeiten, übertriebene Wachsamkeit und Schreckreaktionen bis hin zu massiven Schädigungen des Herz- und Kreislaufsystems nach sich ziehen kann.

Doch auch eine spätere Bewältigung und Kompensation wie die Vermeidungshaltung (Konstriktion), dem bewussten Verarbeiten des Traumas so weit wie möglich aus dem Weg zu gehen, fordert seinen Preis. Denn die Betroffenen opfern hierfür einen Großteil ihrer Lebendigkeit und Kreativität, da diese Energien weitgehend dafür gebunden werden, »den Deckel auf dem Geschehen halten zu müssen«.

Die Sprachlosigkeit ist oft eine direkte Reaktion auf das Trauma, da das Sprachzentrum blockiert wird.

Durch den späteren Selbstheilungsversuch der Verdrängung bleibt das Trauma erst einmal das »Unaussprechliche« und »Unerhörte«, auch wenn die Sprache wiedergefunden wird.

Dabei verbleiben die traumatischen Erfahrungen und vor allem die dazugehörigen Gefühle praktisch eingekapselt, eingeschlossen als »Fremdkörper« im Gesamtsystem und zeigen sich dann auf der bewussten Ebene oftmals als Fremdheitsgefühl gegenüber manchen eigenen Verhaltensmustern, Glaubenssätzen, Handlungen oder in Form von unerklärlich scheinenden körperlichen Symptomen.

Dass die Erinnerung an das Trauma allerdings nur aus dem bewussten Sein, nicht jedoch aus dem Gesamtsystem verschwunden ist, zeigt sich auch an der überwältigenden Reaktion auf sogenannte »Schlüsselreize« (Trigger), nach denen auf ähnlich erscheinende, aber in der Regel ungefährliche, Situationen mit demselben »totalen« Überwältigungsgefühl wie beim eigentlichen Trauma reagiert wird.

Trigger können hierbei von Ähnlichkeiten wie die Stimme des Täters, Gerüchen, ähnliche Körperempfindungen wie bei der traumatischen Situation o. a. gehen und sich in der Ausdehnung auch steigern.

Diese Überreaktion in aktuellen Situationen ist für die Betroffene selbst meist unverständlich und beängstigend, da das Trauma selbst ja oft abgespalten ist vom Bewusstsein oder anders verleugnet wird.

Sie löst oft starke Schuld- und Schamkonflikte aus und kann auch die aktuellen, nahen Beziehungen gefährden, die in der Regel davon am meisten mitbetroffen sind (siehe II. 8.: Der Einfluss auf die Bindungskompetenz).

Diese Bewältigungsstrategien (Coping) erfüllen alle ihren zeitweiligen Sinn und Zweck, wenn auch zum Teil mit einem hohen Preis, der dafür später energetisch bezahlt werden muss. Wer hier tiefer in das Verständnis dieser Muster einsteigen will, sei die genannte, weitergehende Literatur speziell zu diesem Bereich empfohlen.

Am Beispiel des frühkindlichen Entwicklungstraumas soll nun dieser, auch die Gegenwart möglicherweise vergiftende, Einfluss einer lang anhaltenden Traumatisierung verdeutlicht werden.

Schon 1945 hat René Spitz auf die vernichtende Wirkung von kindlicher Vernachlässigung in den Heimen hingewiesen. Inzwischen hat die aktuelle Babyforschung seine Untersuchungen auch für vernachlässigte Kinder außerhalb von Heimen auf genetischer, neuronaler und humoraler Ebene bestätigt und erweitert.

Die Grundbedürfnisse eines Säuglings beschreibt der Bindungsexperte K. H. Brisch als »Befriedigung von lebenserhaltenden physiologischen Bedürfnissen, Bindung, Exploration, sensorisch-sexuelle Stimulation, Abwehr von aversiven – etwa schmerzvollen – Reizen und Selbsteffektivität« (Brisch, 2005, S. 99–100), die alle wie ein Mobile in Wechselwirkung aufeinander reagieren.

»Ist eines nicht gut entwickelt oder so gut wie nicht vorhanden, hat dies unmittelbare Auswirkungen auf alle anderen Grundbedürfnisse.« (Brisch, 2005, S. 99 f.)

Er beschreibt als Auswirkungen von Vernachlässigung die Blockierung von neuronalen Wachstums – und die Überproduktion von Stresshormonen (siehe auch II. 5).

Man kann sich das auf der Interaktionsebene bildlich vorstellen, wenn die erste Bezugsperson, meist die Mutter, das Kind rein mechanisch und innerlich abwesend, eingeschränkt durch die eigene Traumatisierung, die ihr das Fühlen bestimmter Gefühle verbietet, füttert. Dem Kind wird die positive Spiegelung durch diese »Verweigerung des Antlitz« fehlen, es wird das »Strahlen in den Augen seiner Mutter« (Kohut) oder einer anderen Bezugsperson vermissen, das es zum Wachsen ebenso braucht wie die Muttermilch oder den Brei.

Nach mehreren Versuchen, die Mutter oder eine andere erste Bezugsperson zu »erreichen«, wird es verunsichert und geschwächt aufgeben.

Verlässt sie dann noch abrupt den Raum, wenn es schreit, und kommt nicht wieder, ist es einer Todesangst ausgesetzt, denn kleine Kinder »wissen« noch nicht, dass die Mutter irgendwann wiederkommt. Es weint bis zur völligen Erschöpfung und schläft ein mit dem Gefühl völliger Ohnmacht und Wirkungslosigkeit seines kleinen Selbst.

Wiederholt sich dieser Mangel, dieses Verlassenheitsgefühl öfters, ohne dass das Kind danach entsprechend getröstet und aufgefangen wird, ist nicht nur das Grundvertrauen zu dieser Primärperson gefährdet, sondern ganz existenziell zur Welt überhaupt, der man nicht mehr vorbehaltlos trauen kann.

Später wird es sich selbst die Schuld geben, wenn die Mutter oder eine andere Bezugsperson weiterhin nicht »genügend gut« (Winnicott) auf seine emotionalen Bedürfnisse reagiert, wird sich schämen, sich verbiegen, zurücknehmen oder andere Reaktionsbildungen entwickeln, um die Beziehung zu diesem überlebenswichtigen Menschen, von dem es abhängig ist, nicht zu gefährden.

Und als Erwachsene wird sie im extremsten Fall eine Bindungsstörung an den Tag legen, die nahe Beziehungen torpediert, indem sie sie mit Misstrauen oder anderen destruktiven Verhaltensweisen vergiftet (siehe II. 8.: Der Einfluss auf die Bindungskompetenz).

Warum diese entwicklungsbedingten Traumata aus der Sicht mancher Traumatherapeuten »epidemische Ausmaße« (Kolk, 2017) angenommen haben, hängt auch mit der Verarbeitung bzw. eher der Nichtverarbeitung elterlicher Traumatisierung zusammen, die durch Nazi-Erziehung und -Ideologie, Krieg, Hunger, Gewalt und Vertreibung millionenfach bei der Kriegsgeneration wie auch bei den nachfolgenden Kriegskindern gegeben war.

Weint oder schreit zum Beispiel ein Säugling, kann dies bei einer unverarbeiteten Traumatisierung der Eltern in Konflikt- oder Spannungssituationen zu einer Wiederholung von selbst erlebten Traumaerfahrungen führen, die aber gefühlsmäßig »abgespalten«, also nicht verarbeitet, wurden. Das bedeutet, dass der von dem Säugling gelebte Schmerz oder die Wut so bedrohlich an eigene, sich nicht erlaubte Gefühle der Traumasituation erinnert, dass es vom Sichabwenden der Eltern bis hin zu unkontrollierten Affektdurchbrüchen gegenüber dem Säugling kommen kann mit den bekannten, schrecklichen Schüttel- und anderen Gewaltaktionen.

»Die Kinder entwickeln dann ihrerseits posttraumatische Belastungsstörungen ... Da diese frühen Traumatisierungen auch die Entwicklung des Kindes massiv beeinträchtigen, wird diese auch als ›Entwicklungstrauma-Störung‹ ... (Brisch, 2005, S. 101) bezeichnet.«

Diese lang andauernde Erhöhung der Stressoren im kindlichen Körper kann also zu einem viel tieferen Eingriff in die Gesamtpersönlichkeit führen als ein einzelnes Schockerlebnis, wenn es nicht gelingt, sie durch andere Ressourcen und Resilienzkräfte ein Stück weit abzumildern. Doch davon später.

Zuerst einmal erscheint es mir zum Verständnis aller drei Generationen sehr wichtig, die durch psychische und Entwicklungstraumata entstandenen Phänomene aus diesem Kontext heraus richtig zu verstehen.

3. Traumaspezifische Phänomene verstehen

Wer beruflich oder privat mit älteren Menschen zu tun hat, die den Zweiten Weltkrieg als Kind oder Jugendliche noch selbst miterlebt haben, wird am offensichtlichsten auf Phänomene stoßen, die sonderbar und zuerst nur schwer erklärbar erscheinen.

Durch die wiederkehrende abhängige Situation im Alter, in der sich viele Menschen auf neue Weise ausgeliefert fühlen, können lange verborgene Traumata reaktiviert werden.

Das kann allein durch Krankheit oder Gebrechlichkeit passieren, in der Menschen auf Hilfe angewiesen sind, aber auch durch physische Schmerzen, Pflegebedürftigkeit, Pensionierung oder Berentung, wenn plötzlich mehr freie Zeit zum Nachdenken vorhanden ist.

Ängste vor dieser neuen Lebenssituation, oftmals als innere Leere erlebt, tauchen auf und vermischen sich mit alten, traumatisch gespeisten Erinnerungen an frühe Gefühle von Ausweglosigkeit und Ohnmacht.

Da viele der Älteren und Alten verlernt haben zu trauern, genügen auch schon Auslöser wie Abschiede, die hinausgezögert werden. Auch der Tod der Partnerin oder des Partners ist nicht nur wie für alle anderen Menschen traurig, sondern kann die eben beschriebene kindliche Verlassenheits- und Verlustangst triggern und wird dann als übermächtig und existenziell vernichtend erlebt.

Eine Angst vor Angefasstwerden oder im Intimbereich gewaschen werden mag für viele Pflegende noch verständlich sein, doch da die dahinter liegenden Traumata von sexueller Gewalt in der Kindheit und Jugend meist nicht erinnert werden, bekommt das Ganze oft eine panische Dimension bei den zu Pflegenden, die vielen Pflegekräften unverständlich erscheint.

Die Türen dürfen nicht abgeschlossen, das Licht nachts nicht gelöscht werden, und viele Betreute wirken allein schon bei Einbruch der Dunkelheit völlig verstört. Andere wiederum laufen nachts fast zwanghaft herum und wecken andere Mitbewohnerinnen.

Wer sich länger mit diesem Thema beschäftigt hat, weiß oder erahnt natürlich die Zusammenhänge mit nationalsozialistisch geprägter Erziehung und Verfolgung Andersdenkender, die kein Urvertrauen in die Welt aufbauen ließen, und auch zu Krieg und seinen Folgen, der »unheilbare Wunden schlägt, an denen das Leben zerbrechen kann«. (Ermann, 2004, S. 119)

Auch wenn der Krieg überlebt wurde, genügen oft Alltagssignale wie Sirenen, Blaulicht oder Donnergrollen, um diese furchtbaren Erinnerungen aus dem »Leibgedächtnis« wieder hochzuholen. (Weidner et al., 2016, S. 23) Viele der jüngeren Pflegenden werden in ihren Ausbildungen leider kaum informiert über diese historischen Zusammenhänge mit alltäglichen Verhaltensweisen der ihnen Anvertrauten.

Wie soll ein Hausmeister denn die penetrant wirkende Zwanghaftigkeit eines alten Mannes verstehen, der, wie unter Lebensgefahr stehend, nach noch mehr Gardinenringen verlangt, um seine Gardinen vollständig zuziehen zu können? Im Krieg durfte nachts kein Licht aus dem Zimmer dringen. (Weidner et al., S. 27)

Wie soll eine Betreuerin die panische Angst und Verweigerung einer alten Frau verstehen, mit ihr in einen U-Bahnschacht hinunterzugehen?

Erst wenn in den Anamnesen noch genauer gefragt und erforscht und die Ergebnisse in kurzer Form für alle Betreuerinnen verfügbar gemacht werden, was dieser geplagte Mensch in der Kindheit, im Krieg, in Bombennächten erlebt hat, kann mit solchen Phobien traumasensibler umgegangen werden!

Bild 2: »Geboren im Krieg« von Sophie Brandes

Der Arzt und Psychotherapeut Michael Ermann, selbst ein Kriegskind, nennt in dem eben zitierten Artikel manche solcher Nachwehen des Krieges und des Nazi-Terrors:

Ob es das Hinauszögern von Abschieden und Entscheidungen ist, das Ausnutzen der Zeit bis zur allerletzten Minute, die Unentschlossenheit bei Reisen oder das Zusammenzucken und Erstarren, wenn die Feuerwehr lautstark vorbeirast – dies alles kann genauso verständlich werden wie ein schleichendes Unbehagen bei einsamen

Flugzeugen, eine Beklommenheit bei speziellem Licht, einer bestimmten Landschaft, Gerüchen oder Lauten.

Er hält auch Konversionssymptome wie überraschende Kältegefühle oder wiederkehrendes Fieber, starke unerklärlich scheinende Erregungszustände oder Intrusionen – plötzlich einschießende Bilder von bedrohlichen Situationen – für kriegskindertypische Symptome, die behandlungsbedürftig oder zumindest beachtungswürdig sind.

Bislang werden viele dieser Symptome noch als »Marotten« der Alten abgetan oder mit Fehldiagnosen wie Demenz versehen. Das geht auch auf die weitgehende Uninformiertheit der Betreuungskräfte zurück, denen es bei dem derzeitigen Personalmangel auch an Zeit und Kraft fehlt und die, wie schon gesagt, solche Hintergründe weder in ihrem Geschichtsunterricht noch meist in ihrer fachlichen Ausbildung erfahren haben.

Die Landesfachstelle in Nordrhein-Westfalen, »Trauma und Leben im Alter«, die in hervorragender Weise jahrelang Fachkräfte in Betreuung und Pflege im »traumasensiblen Umgang mit alten Menschen« geschult hat und die hoffentlich bis zum Erscheinen dieses Buches wieder von der neuen Landesregierung mit Landesmitteln gefördert wird, hat hier mit Aufklärung, Beratung, Schulung und Zertifizierung von Alters- und Pflegeheimen Pionierinnenarbeit geleistet.

Vertreterinnen dieser Fachstelle nannten auf der Fachtagung 2017 weitere Beispiele traumaspezifischer Symptome:

So kann schon die Einweisung in ein Pflege- oder Altersheim für die Betroffene Traumata reaktivieren, erinnert es doch manche an die Drohung von Eltern während der Nazi-Zeit, das Kind »ins Heim zu schicken« oder »abholen zu lassen«, an traumatisch erlebte Ängste, die noch dazu in vielen Fällen Realängste waren, wenn man an die menschenverachtenden Morde durch die Euthanasie-Gesetze denkt.

Ebenso war es eine reale Bedrohung, die eigenen Eltern zu verlieren durch Verfolgung, Flucht, Krankheit oder Tod, sodass spätere Abschiedssituationen hier tatsächlich über das übliche Maß hinaus (wofür es bekanntlich ja auch keine Norm gibt!) retraumatisierend wirken können.

Auch jegliche Begutachterverfahren können solche panischen Ängste auslösen, da das Bewertetwerden früher mit Ausgrenzung, Ausstoßung und schlimmstenfalls mit der Ermordung enden konnte und Kinder die Gefahren hinter solchen elterlichen Drohungen sehr gut erspüren können.

Es kann zu aggressiven Ausbrüchen kommen, wenn Erinnerungen aufbrechen, genauso können reale Krankheiten verborgen werden, um nicht »aussortiert« zu werden.

Am bekanntesten ist wohl die panische Angst vor Uniformen, noch dazu, wenn diese mit Geschrei und womöglich noch mit erzwungenen Duschvorgängen oder rektaler Pflegegewalt gekoppelt sind. Auch wenn diese Bilder im »kognitiven Gedächtnisspeicher« nicht rational abgefragt werden können, sind sie schon aus Kinderzeit mit diffusen Bedrohungsgefühlen verbunden, die – sprachlos und fraglos geblieben – Kriegskinder oft lebenslang eine Abneigung vor Duschen und Nacktheit aufrechterhalten ließen.

Werden dann im TV überraschend Bilder des Holocaust gezeigt, können genau diese die alten Ängste dieser Menschen triggern, obwohl sie selbst nicht von der Vergasung bedroht waren (siehe genauer Teil II. 7. bei Spiegelneuronen).

Wird diese Abneigung zum Beispiel gegen das Duschen versucht zu »brechen«, kann es also auch zu einer Reaktivierung des dahinter liegenden Traumas kommen, das Kriegskinder auch schon als Zeitzeugen, noch nicht einmal direkt als Betroffene, in sich aufgenommen und abgespeichert haben können.

Stellen Sie sich andererseits vor, eine junge polnische Pflegekraft, der neuen Sprache vielleicht noch nicht mächtig, nichts nachfragen, evtl. relativieren könnend, sieht aktuell in einem deutschen Altersheim das Bild eines deutschen Wehrmachtsoldaten in Uniform auf dem Tisch einer alten Frau, die sie pflegen soll.

Dazu muss man wissen, dass nirgendwo mehr Menschen als in Polen und Russland aus der dortigen Zivilbevölkerung von deutschen Soldaten und SS-Leuten im nationalsozialistischen Vernichtungskrieg ausgeraubt, vergewaltigt und – man muss es so nennen! – abgeschlachtet wurden!

Was diese junge Pflegekraft womöglich in ihrer Familien- oder Landesgeschichte diesbezüglich von ihren Eltern, Großeltern oder Lehrerinnen erfahren hat und zu welchen inneren Konflikten dies jetzt für sie an ihrer neuen Arbeitsstelle führen kann, soll im nächsten Teil beleuchtet werden.

4. Generationsübergreifende Traumatransmissionen

Der Zusammenhang zu den elterlichen und großelterlichen Taten und Untaten im Ersten und Zweiten Weltkrieg, aber auch deren eigene Traumatisierungen im Krieg und unter einem Terrorsystem wie dem des Nationalsozialismus wird bei vielen Teilnehmerinnen von Selbsterfahrungsgruppen ganz deutlich, wenn sie sich die Herkunft ihrer Schuld- und Schamgefühle genauer anschauen.

Viele von uns Nachkriegskindern und Kriegsenkeln haben es trotz Geschichtsstudium, kritischer Theorie und humanistischer Ethik nicht gewagt, das »beredte Schweigen« (B. Rommelspacher) gegenüber ihren Tätereltern und Großeltern mit Nachfragen aufzuweichen.

Ein paar bezeichnende Beispiele aus den Selbsterfahrungsgruppen mögen dies verdeutlichen:

So hat Verena mit ihren, sich im Krieg zwangsweise gebundenen, Eltern jahrelang den zwanghaften Wunsch, »alles wiedergutmachen zu wollen«, wofür sie, genauer betrachtet, selbst gar keine wirkliche »Schuld« trägt, allenfalls Schuld*gefühle*.

Daniela fühlte sich ihr Leben lang schuldig am Unglück der Mutter, da diese durch deren Geburt in den Kriegswirren nicht flüchten konnte und ihr dieses Gefühl, »zu viel« zu sein, weitergegeben hat. Sie selbst wiederholt dieses »Ungelöste« aus ihrer eigenen frühen Geschichte bislang in aktuellen Partnerschaften.

Christine hatte das Gefühl, sich genauso wie ihr jüdischer Vater nicht wehren oder verteidigen zu dürfen, und bezeichnet sich selbst als »nichtarisch«, da sie das Wort »Jude« aufgrund des furchtbaren Hintergrunds des Holocausts, in dem Teile ihrer Familie ermordet wurden, lange Jahrzehnte nicht mehr aussprechen konnte.

Gabi sieht heute immer wieder Feuer vor ihrem inneren Auge, dabei hat ihre Mutter, nicht sie selbst, Menschen im Krieg am lebendigen Leibe brennen sehen. Noch heute hat sie bei kleinsten Konflikten in sich den Drang, sofort umziehen, nur noch weg zu wollen ...

Töchter wie auch Söhne erspüren oft emotional die von den Müttern erlebte sexuelle Gewalt aus Kriegszeiten.

Aus den »Puzzleteilen« wissen wir, wie sehr der Jähzorn und die väterliche Strenge so verinnerlicht wurden, dass diese Frauen und Männer die sogenannten Täterintrojekte (Verinnerlichungen von Täterverhalten und -ansichten) danach selbst gegen ihre aktuellen Partnerschaften einsetzten und diese damit verunmöglichten.

Vielen Teilnehmerinnen aus der Kriegskindergeneration sitzt der Schreck noch in den Gliedern, den sie durch plötzliche, unverstandene Verluste erlebt hatten: Jüdische Spielkameraden erschienen plötzlich mit gesenktem Kopf und Judenstern, bevor sie endgültig verschwanden. Hierzu durfte nichts gefragt werden – ein angstbesetztes, schwarzes Bedeutungsloch entstand in den jungen Kriegskindern, das ihre Fantasie oft jahrzehntelang besetzte und die Angst ins Unermessliche wachsen ließ, dass auch ihnen so etwas passieren könnte, wenn sie nicht »lieb« seien ...

Später werden sie und andere Frauen übermäßig an ihren schon lange erwachsenen Kindern festhalten, sich unverhältnismäßig viel Sorgen um sie machen und ihre Verlusterfahrungen auf diese übertragen, bis sie die Wurzeln dieser Anhänglichkeit finden, dies betrauern und auflösen können.

Ein Haus der Eltern wird als »Last« empfunden, die schnell loszuwerden sei, bevor Manfred verstehen konnte, dass daran die elterlichen Worte klebten, der angeblich im Krieg verschollene Onkel, der zuvor auch dort lebte, sei »eine Last gewesen, die jetzt weg sei«. So wurde der Euthanasie-Mord von den Eltern an diesem Menschen gerechtfertigt, und das Kind spürte, dass da schlimmstes Unrecht verheimlicht wird. Der Erwachsene wollte erst einmal ein ihm fremd und unheimlich erscheinendes Gefühl loswerden, bevor er den Zusammenhang erforscht.

Jüngere, die selbst keinen Krieg erlebt haben, bezeichnen sich als

»kriegsgeschädigt« und sehen entsprechende Bilder in ihren Albträumen, erleben Vernichtungsängste am eigenen Leib, als seien sie selbst dabei gewesen, als Folge elterlicher Vertreibung am Kriegsende, und fühlen sich noch als ältere Erwachsene schnell »ausgeliefert«, den normalen Alltagsproblemen nur wie »ein Blatt im Wind begegnen zu können«.

Wir haben im ersten Buchteil auch die viel zu kurz gekommenen Kriegskinder und ihren Schmerz um die verlorene und versäumte Kindheit kennengelernt, die sie, wie ihre Kriegseltern auch, niemals wirklich gehabt hatten.

Und wir haben von der Angst mancher Kriegsenkel gehört, sich zu unterscheiden von der Mutter, es »besser haben zu dürfen im Leben« als diese, da sie deren Verlust durch diese natürliche Unterscheidung und Ablösung noch immer übermäßig befürchteten.

Viele der Nachkriegskinder vermieden jahrzehntelang, den überbelasteten Eltern mit dem eigenen Kummer »zu viel zu werden«, und versteckten vor ihnen so ihre Sorgen, Nöte – und ihre Bedürfnisse! Jetzt pflegen sie oftmals diese Eltern und schildern das Gefühl, dass ihnen das selbst nun alles zu viel sei – da sie endlich bei ihren eigenen Bedürfnissen und Visionen für ihr eigenes Lebens angekommen sind!

Wir haben bei Peter und Rainer, den Nachkriegskindern, stellvertretend für viele andere, die harten, unduldsamen und jähzornigen Verinnerlichungen ihrer Kriegsväter gesehen, denen sie es nie recht machen konnten und sie erst jetzt, nach dem Tod der Väter, die »inneren Scherben« beseitigen, um zu ihrer eigenen Milde und dem Verständnis für sich selbst und damit auch für andere zu finden.

Bei Sigrid und Dagmar, Kriegsenkel und Kriegskind, erlebten wir exemplarisch die Fremdheitsgefühle, wenn die elterlichen Übernahmen extrem lebensfeindlicher Normen und Werte ihnen innerlich den Weg versperrten, zum eigenen Lebensweg, zu eigenen Bedürfnissen zu finden.

Nächtliche Ängste und Schlafstörungen Jüngerer wie Älterer lassen das kindliche Mitgefühl, aber auch die von den Müttern übernommenen Ängste ahnen, die für im Krieg vergewaltigte und vertriebene Frauen erst viel später richtig verstanden und zugeordnet werden können.

Und unsere, vorhin angeführte, polnische Altenpflegerin wird sich bei der Konfrontation mit Teilen ihrer eigenen Familien- und Landesgeschichte, hoffentlich in Supervision oder Coaching die professionelle Distanz und Selbststärkung holen können, die sie braucht, um nicht an sekundärer Traumatisierung (die traumatische Übernahme durch Helferinnen) und Burn-out zu erkranken.

Doch wie können wir uns diesen Prozess der Traumaübernahme über die Generationen hinweg in den Körper, in die Seele hinein, genauer vorstellen?

Die Zeiten, in denen dies als reine »Psychobehauptungen« abgetan und belächelt wurde, sind jedenfalls vorbei – inzwischen gibt es vielfältige epigenetische, psychophysiologische und neurobiologische Nachweise hierfür, dass wir von den Eltern oder Großeltern nicht nur die Haarfarbe und andere Äußerlichkeiten geerbt haben.

Wie verläuft der Transfer von Traumata ins Körperliche der nächsten Generation?

5. Es beginnt schon im Mutterleib – seelisches Leben vor der Geburt

Das Leben in der mütterlichen Gebärmutter wird einerseits mit einem »glückseligen, … ozeanischen Bewusstseinszustand« (Janus, 2006, S. 92) verglichen, in dem der Fötus, getragen von der Plazenta, die Verschmelzungsgefühle mit der Mutter genießt, andererseits wird durch die neuere pränatale Medizin und Psychologie auch die Tatsache bewiesen, wie früh das Ungeborene schon mit allen Sorgen und Nöten der werdenden Mutter verbunden ist.

Zuallererst »ist die Welt des Mutterleibs eine lebendige Umgebung, an die (das Ungeborene, d. Verf.) sich adaptieren (anpassen, d. Verf.) wird, um zu überleben und zu wachsen, wie das schon 1981 von Verny im »Seelenleben des Ungeborenen« beschrieben wird. (Unfried, 2013, S. 31)

Der Fötus wächst in diesem Raum also nicht, wie lange geglaubt, nahezu bewusstlos und parasitär heran bis zu seiner Geburt, sondern kann schon sehr früh »fühlen, sehen, riechen, hören, schmecken, weinen und durch Mimik und Bewegungen Behagen und Unbehagen, Angst und Schrecken ausdrücken« (Janus & Levend, I, 2011, S. 11) und ist so also ein schon früh erlebendes und empfindendes Wesen.

Die Gehirnentwicklung vollzieht sich im Zusammenhang zu den Empfindungsmöglichkeiten des Fötus:

»Im Utero bilden sich seine ersten Einstellungen gegenüber der Welt heraus: Vertrauen oder Misstrauen, Sicherheit und Unsicherheit, Bindungsverhalten und Selbstwertgefühl. (...) Die Plazenta und die Nabelschnur sind das erste Beziehungs- und Bindungsobjekt des Menschen.« (Janus, II, 2011, S. 47)

Breiteren Kreisen ist schon bekannt, dass das vorgeburtliche Kind intensiv auf Musik und auf die Stimme der Mutter und auch des Vaters reagiert; weniger bekannt ist die Tatsache, dass es bei starken Gefühlsregungen der Mutter über die Plazenta deren erhöhte Stresshormone in sich aufnimmt und auf diese auch reagiert. (Janus & Levend, I, 2011, S. 33)

Über die Atmung der Mutter, über ihren Herzschlag, ihre Magen- und Darmgeräusche und über die Ausschüttung spezieller Hormone wie zum Beispiel Adrenalin verändert sich die hormonelle Zusammensetzung des Fötus im Blut, in der Qualität der Sauerstoffzufuhr und der Herzfrequenz.

Die Amygdala, derjenige sensible Gehirnteil des Fötus, der die Stresshormone der Mutter aufnimmt und verarbeitet, arbeitet schon ab der 5. Schwangerschaftswoche – das ungeborene Kind erregt sich und erschrickt sich also wie die Mutter und aktiviert seine »Stressachse«, eine biologischen Abfolge bestimmter Eiweißstoffe im Gehirn und Körper, deren Übererregung auch nach der Geburt noch messbar sein wird.

Bei mütterlicher Angst zum Beispiel schüttet diese vermehrt Adrenalin und Kortisol aus, was über die Plazenta an den Fötus weitergegeben wird. Dies führt zu weniger Sauerstoff beim Fötus und zu noch mehr Stress – das Ungeborene strampelt oder erstarrt, wie es die neuen bildgebenden Verfahren genau zeigen können.

Die Auswirkungen erhöhter mütterlicher Angst während der Schwangerschaft während des Zweiten Weltkriegs auf ihre Ungeborenen zeigte Lester W. Sontag schon 1966 bei den damaligen »war-babies« auf, die als Kinder später als »schwierig« beschrieben werden und noch als Erwachsene eine erhöhte Herzfrequenz zeigten. (Janus & Levend, I, 2011, S. 33)

Am meisten erforscht ist dieser Zusammenhang bei depressiven, kriegsbelasteten Schwangeren, bei denen wie beim Baby später dieselben Werte im Blut zu finden sind: erhöhtes Kortisol, zu niedriges Dopamin (Kuwert, 2017), was in der späteren Entwicklung des Kindes zu einer verminderten Stressresistenz führen kann, so diese Entwicklung nicht durch andere Schutz- und Resilienzfaktoren ausgeglichen wird.

Die schon früh hoch entwickelte emotionale Wahrnehmung des Fötus ist enorm: Viele Ungeborene wollen durch intuitive Kommunikation (s. später auch bei »Spiegelhormonen) »hilfreich sein«, so der Heidelberger Pränatal-Forscher Dr. Ludwig Janus, und machen sich bei der Mutter auf verschiedenste Weise bemerkbar, sodass erfahrene Traumatherapeutinnen wie Bettina Alberti von einer »unvergleichlich nahen Beziehungsaufnahme« (Alberti, 2010, S. 27) des Fötus zur Mutter sprechen – die von einer traumatisierten Mutter jedoch meist nicht entsprechend beantwortet werden kann.

Schon ab der 8. Säuglingswoche ist das Ungeborene über seine Sinnesorgane und die Nabelschnur als lebendiges, interaktives Wesen mit der Mutter verbunden.

In Selbsterfahrungsgruppen wie auch in Einzelpsychotherapien hört man dann immer wieder Geschichten, die auf diese Beziehungs- und Leidensfähigkeit aus der Zeit schon im Mutterbauch hinweisen, wo die Betroffenen oft erst lange danach die äußeren »Bestätigungen« für ihre Wahrnehmungen erhalten.

Sehr verbreitet sind die Gefühle eines Lebenskampfes von Beginn an oder sich nicht willkommen, nicht heimisch auf dieser Welt zu fühlen. Oftmals stecken dahinter Erfahrungen von Abtreibungsversuchen der Mutter, die überlebt wurden.

Nach ihrer Zuordnung und dem Verarbeiten der entsprechenden Gefühle können sich diese einschränkenden Lebensmuster bedeutsam verändern.

Eine Psychoanalytikerin wird bei L. Janus mit der stimmigen Deutung eines Patienten zitiert: »Sie verhalten sich so, als ob ich Sie wegschicken, abtreiben sollte« (Blazy, H., S. 25), die dem Patienten ein erfolgreiches Durcharbeiten dieser Erfahrung, die er tatsächlich gemacht und verdrängt hatte, in einer Langzeittherapie eröffnete.

Ein Mann kommt zu Bettina Alberti in Psychotherapie, dessen dauerndes Erbrechen somatisch nicht abgeklärt werden konnte, und findet heraus, dass seine Mutter ihn im 5. Monat der Schwangerschaft durch eine giftige Flüssigkeit abtreiben wollte. (Alberti, 2010, S. 38)

Auch Verlassenheitsängste und Verlustgefühle können oft auf die pränatale Belastungs- und traumatische Situation der Mutter zurückgeführt werden: So wollten bzw. konnten manche Mütter ihre Ungeborenen später nicht bei sich behalten, der Fötus wird von den Medizinern in einem dieser Fälle durch die bildgebenden Verfahren als in die »Ecke gekauert« und sich völlig unauffällig verhaltend beschrieben.

Andere Frauen wiederum hatten Totgeburten oder Abtreibungen hinter sich und standen so der neuen Geburt aus anderen Gründen ängstlich oder ambivalent gegenüber.

Erwachsene mit diesem pränatalen Hintergrund beschreiben sich mit beibehaltenem Totstellreflex und Erstarrung noch im hohen Alter.

Gerade mütterliche Verlusterfahrungen während der Schwangerschaft – und diese waren im und nach dem Zweiten Weltkrieg sehr häufig! – sind negative Stressanker für den Fötus mit der möglichen Einschränkung der Widerstandskraft noch lange nach der Geburt, wenn diese Entwicklung später nicht durch den Einsatz anderer Resilienzfaktoren abgeschwächt werden kann (siehe III. 4.).

Neben den elterlichen Traumaübertragungen werden auch »Aufträge« der Eltern schon aus der vorsprachlichen Zeit aufgenommen, die somit später nur schwer sprachlich verfügbar gemacht werden können.

Einzelne Psychotherapeuten wie Christopher Bollas mit großartiger Körper- und Übertragungswahrnehmung beschreiben hier sehr einfühlsam, wie sich auch diese Art von Aufträgen in guten, den Körper mit einbeziehenden, Psychotherapien finden und auflösen lassen. (Bollas, 2014)

Wenn man bedenkt, dass diese primäre Bindung schon, wie gezeigt, ganz früh im Mutterbauch aufgebaut wird, wundert es einen nicht, wie lange Menschen an für sie nicht nur unbefriedigenden, sondern auch schädlichen Glaubenssätzen festhalten.

In vielen Fällen gehören solche dauerhaften Symptome eindeutig in die Hände einer erfahrenen Traumatherapeutin, siehe auch dazu Teil III, in dem die Grenzen von Selbsterfahrungsgruppen und die Wegweiser zu einer Einzeltherapie beschrieben werden:

So berichtet die Psychotherapeutin Roswita Huber von einer Patientin, deren Mutter sich im Alter von 50 Jahren das Leben nahm, die jetzt mit 38 mit dem Gefühl zu ihr kam, »nicht mehr weiter (leben, d. Verf.) zu können«. Diese nahezu zwanghaft festgehaltene Symbiose mit der Mutter bedurfte einer langen therapeutischen Nachreifungsbeziehung und einer gelungenen Ablösung dort, bis auch die »tödlich bedrohende Bindung an die Mutter« aufgelöst werden konnte. (Huber, 2011, S. 88 ff.)

Ludwig Janus beschreibt ebenso dramatische Beispiele dieser pränatalen Traumatisierungen, die bis zur Psychiatrisierung von Patientinnen reichen: So erkrankt ein Mädchen an einer Psychose und »fantasiert« von einem Zwilling, mit dem zusammen sie glücklicher im Leben gewesen wäre. Erst später stellt sich heraus, dass sie tatsächlich mit einem Zwillingsgeschwister geboren war, das jedoch schon ab Mitte der Schwangerschaft abgestorben war, sodass sie dieses Trauma des »mumifizierten« Geschwisterchens neben sich monatelang im Mutterbauch erlitten hatte. (Benedetti, 2011, S. 46/47)

Dies ist auch ein Beispiel dafür, wie das elterliche Verschweigen, das wir ja als typisch für unsere drei Generationen kennen, zu einer dramatischen inneren Zuspitzung für die Klientin führen kann und primär nicht unbedingt das Trauma selbst, sondern die fehlende adäquate Zuwendung und Versorgung danach bis hin zur späteren Aufklärung schädliche Langzeitfolgen mit sich bringen.

Diese sogenannte sequenzielle Traumatisierung ist ein erneutes Trauma, das auf das ursprüngliche folgt, indem das Kind nicht aufgefangen wird und nicht über seine Ängste – in diesem Fall waren es »unerhörte« Träume! – aus der ursprünglichen Traumaerfahrung reden darf.

Dieses Verschweigen gilt in der Forschung (Rosenthal, 1997, u. a.) als ein nicht zu unterschätzender »Sozialisationsfaktor«, der die Identitätsbildung des Kindes massiv erschwert, da es in der eigenen Wahrnehmung verunsichert wird und verwirrt allein damit bleibt.

In »Vererbung ist mehr als die Summe der Gene« beschreibt die Kinder- und Bindungsanalytikerin Helga Blazy genauer, wie »Kinder, Enkel und Urenkel (…) die inneren Bewegungen (der Täter- und Opfereltern, d. Verf.) in sich aufgenommen (haben) und sich vielleicht genetisch verbogen, um ihren sprachlosen Großeltern und Eltern in deren inneren Bewegungen zu folgen« (Blazy, 2011, S. 28), davon mehr im nächsten Kapitel.

Im extremsten Fall kann dies zu inneren Dramen führen, wenn die Kinder oder die späteren Erwachsenen sogar Todesängste entwickeln, von den eigenen Eltern ermordet zu werden.

Wie können wir uns solche Ängste erklären?

Die Kriegseltern wehrten ihre eigenen Vernichtungsängste ab – resultierend von eigenen Geburts- oder aus Kriegserlebnissen – und projizierten (übertrugen) diese auf ihre ungeborenen Kinder, die aus Liebe zu den Eltern diese Ängste wie in einen inneren Container aufnahmen. In Aufstellungen mit Erwachsenen hört man dazu oft Sätze wie »Mama, Papa, ich hab's für dich getragen …«

In der weiteren Selbsterfahrung entwickelt sich dann oft ein Schuldgefühl der Nachkommen, wenn sie dem elterlichen Auftrag »untreu« werden, sprich: sich ablösen wollen von einem fremdbestimmten Leben.

Dies kann bis zu der dramatischen Vorstellung gehen, wie wenn sie damit, mit ihrer Ablösung und Selbstfindung, die Eltern »vernichten« würden.

Bleibt man dann am Ball und fragt, was hinter diesen Schuldgefühlen steht, die Eltern angeblich damit zu vernichten, kommen oftmals die ganz tiefe Ohnmacht und die Todesangst zutage, die pränatal und als Baby aufgenommen wurden.

Diese inneren Babys wiederum können dann von den heutigen Erwachsenen beruhigt und versorgt werden (siehe III. 4. bei Imaginationsübungen).

Dass die schöpferische Kraft von uns Menschen auch dazu führen kann, sich durch Traumata nicht »verrückt« zu fühlen, sondern diese so weit wie möglich in das eigene Leben zu integrieren, zeigt uns das Kultidol John Lennon von den Beatles, der während eines Luftangriffs während des Zweiten Weltkriegs in einem Bunker in Liverpool zur Welt kam.

Seine Mutter war damals außer durch den Krieg noch zusätzlich belastet, da sie ihren Mann nach der Zeugung von John nie wiedersah.

Mit dem Album »Sergeant Peppers Loneley Hearts Club Band«, in dem John »von Einsamkeit und verlorener Liebe« sang und Millionen Menschen damit emotional tief bewegte, fragte er sich, wo all die einsamen Menschen wohl herkommen? (Dowling, 2011, S. 254) Von dieser kreativen Resilienzkraft – in diesem Falle der Musik als heilsamer Möglichkeit – soll im Zusammenhang mit der Traumaverarbeitung später noch genauer die Rede sein. (III. 6.)

6. Epigenetik: Die Bedeutung der Gene für die Regulierung des Stresssystems

Epigenetische Prozesse – also die Einflüsse von Umweltbedingungen auf die Regulation der Gene – bilden »die Brücke zwischen Anlage und Umwelt«. (Zerres, 2011, S. 49–60)

Noch vor wenigen Jahren galten diese Forschungsentdeckungen als »die Sensation seit der Mondlandung«, da sie bewiesen, wie viele der Gene bzw. der Genome sich auch nach der Geburt noch als veränderbar erweisen.

Dies entzog der alten Polarisierung zwischen »der Mensch ist genetisch für immer festgelegt« versus »gute Erziehung verändert alles« die Nahrung und führte dazu, dass sich die Einzelwissenschaften etwas gemäßigter aufeinander zubewegten. Inzwischen geht man von wechselseitiger Beeinflussung von Genen und Umweltfaktoren aus, die sich multifaktoriell ergänzen.

In unserem Kontext sind epigenetische Veränderungsmöglichkeiten deshalb so von Bedeutung, weil sie dazu führen, dass unter bestimmten Umständen einige Bereiche des Erbguts leichter »ausgeschaltet«, andere wiederum leichter »abgelesen« und aktiviert werden können. (Drexler, 2017, S. 22 ff.)

Wahrscheinlich hat dies darin seinen Ursprung, dass – für die Menschheit bewährte – Überlebensstrategien auf diese Weise leichter weitergegeben werden.

Wenn man dann noch bedenkt, dass mehr als 9000 Gene im Gehirn als Folge mütterlicher Verhaltensweisen beim Fötus verändert werden, interessiert man sich noch genauer für die Frage, wie Gene überhaupt aktiviert werden und welche Auswirkungen positiver wie negativer Art dies haben kann.

Die Traumatherapeutin Michaela Huber beschreibt diese Genaktivierungen durch Veränderungen im »Bereich des Verhaltens, der Kognitionen und der Emotionen« folgendermaßen:

»Dies bedeutet, dass Interaktions- und Umwelterfahrungen unmittelbar auf die Proteinproduktion Einfluss nehmen können. Verändert sich zum Beispiel die Konzentration an neuronalem Wachstumshormon, einem speziellen Protein, das die Wachstumsprozesse im Gehirn fördert, verändern sich als Folge insbesondere die synaptischen Verbindungen zwischen Neuronen. Der Aufbau von zusätzlichen Nervenverbindungen in bestimmten Gehirnregionen wird dadurch stimuliert. (Hüther, 1999; Liu et al., 1997) ... Es ist bekannt, dass *positive* psychische Erfahrungen, etwa durch eine feinfühlige Mutter-/Vater-Kind-Interaktion, die Produktion von neuronalen Wachstumshormonen steigern kann.« (Huber II, 2012, S. 103)

Gleichermaßen verändert sich die genetische Disposition leider auch in die andere Richtung, wenn die Eltern psychisch erkrankt sind oder an unverarbeiteten Traumata leiden und so eine Kaskade von anderen Hormonausschüttungen die Stressresistenz des Kindes bedeutsam vermindern.

Schon die Kortisolstudien von Rachel Yehuda bei Holocaust-Nachkommen zeigen ein 8–17-faches Risiko, an denselben verminderten Kortisolwerten zu erkranken wie die Eltern. (Kuwert, 2017)

Das kann man sich so vorstellen, dass die Stresshormone den Menschen bei chronischem Stress immer auf Hochtouren laufen lassen, was sich kaum mehr beruhigen lässt. Dadurch sind keine Kortisolreserven in den Nebennieren mehr verfügbar.

Statt mit Tempo 90 fährt dann der gesamte Organismus dauerhaft mit Tempo 140 mit den bekannten möglichen Auswirkungen!

Wer genauer erforschen möchte, wie dieser Vorgang der verminderten Methylierung mit seinen Auswirkungen auf die Ablesefähigkeit der entsprechenden Gensequenz vonstatten geht, dem empfehle ich, dies im schon zitierten Buch von Katharina Drexler »Ererbte Wunden« nachzulesen.

Professor P. Kuwert u. a. zeigen auf, dass dieser Prozess schon pränatal eingeleitet werden kann, wenn die Mutter unter einer Posttraumatischen Belastungsstörung leidet. Dann bilden sich zu viele Rezeptoren schon pränatal nicht genügend aus, die für die Stressresistenz und das Schmerzempfinden des Kindes zuständig sind. Sein Team und er zeigen auf, dass auch bei Kindern von Vertriebenen nach dem Zweiten Weltkrieg biologische Ähnlichkeiten zu den Eltern im Serotonin-Transporter-System zu finden sind. Dies wie auch denselben verminderten Kortisolspiegel wie bei den Eltern schätzt er medizinisch als funktionell sehr relevant ein. (Kuwert, 2017)

Ähnliche Studien zeigen einen direkten Zusammenhang auf zwischen dem Erleben sexueller Gewalt aufseiten der späteren Mutter, reduziertem »Parenting« (Fähigkeiten der genügend guten Bemutterung) und der seelischen Erkrankung des Kindes. (Kuwert, 2017)

Dass frühe Erfahrungen und deren chemische Spuren im Gehirn sogar über mehrere Generationen vererbt werden, zeigen Langzeitforschungen zum »Hungerwinter« 1944/45 bei damals schwangeren Holländerinnen. Die epigenetischen Auswirkungen dieses kriegsbedingten Hungers zeigen, dass sogar noch die Enkelgeneration, die genügend Nahrung hatte, körperlich »signifikant kleiner« war:

»Die Erbsubstanz der Enkel enthielt offensichtlich auf epigenetischem Weg Informationen über die Lebensbedingungen der Großeltern.« (Drexler, 2017, S. 26)

Auch die systemische Familienforschung und -therapie, vor allem die Mehrgenerationen-Therapie (Stierlin u. a.), geht davon aus, dass vielfach die Kinder als Nachfahren von Opfern und Tätern epigenetisch Erfahrungen und Verluste aus der Eltern- und Großelterngeneration aufgenommen haben und diese »austragen«. Wie sonst ließe sich der unendliche Schmerz mancher Babys erklären, der sich diagnostisch nicht abklären lässt und der einer mitfühlenden Betrachterin so vorkommt, als transportiere dieses Kind die ganze Schuld und Scham seiner Ahnen in seiner, in die Welt geschrienen, Verzweiflung?

Dass dies nicht nur psychologische Hypothesen sind, sondern sich auch neurobiologisch nachweisen lassen, soll im nächsten Kapitel weiter verdeutlicht werden.

7. Neurobiologische Erkenntnisse

Schon die geschilderten epigenetischen Veränderungen durch die elterliche Traumaweitergabe, aber auch neurobiologische Erkenntnisse machen begreiflich, was frühkindlicher, toxischer und dauerhafter Stress im Kleinkindgehirn und dessen autonomen Nervensystem anrichten können:

Das kleine Kind bleibt erst einmal verbunden mit dem mütterlichen Nervensystem. Beide nehmen Stimmungen voneinander auf, nur dass sich das Baby nicht so abgrenzen kann wie die Erwachsene: Es bezieht Angespanntheit, Angst oder Ärger der Bezugsperson auf sich und reagiert ganz banal zunächst im somatischen Bereich mit verschiedensten Symptomen.

»Insbesondere sind Auswirkungen von traumatischem Erleben auf das Gedächtnissystem und die limbischen Strukturen des Nervensystems nachgewiesen. (...) Veränderungen der Funktion des Mandelkerns, des Hippocampus, des Frontalhirns, des Cingulum sowie des motorischen Sprachzentrums sind bei psychischen Traumata belegt. Studien mit bildgebenden Verfahren haben die eingeschränkte Filterfunktion des Hippocampus bestätigt. (...) Wenn sich Stressdauer und Stressaktivität verstärken, kommt es über eine Aktivierung der Amygdala (Mandelkern) zur Dissoziation der Wahrnehmung. Im Rahmen dieser Reaktionsfolge bleibt die Amygdala daueraktiviert. (...) Es entsteht ein ›Filmriss‹, der Kontext für die Situation geht verloren. (...) Es entsteht für die komplette traumatische Erfahrung eine Blockierung im Erleben, d. h., sie ist nicht fühlbar, nicht erinnerbar und nicht aussprechbar, jedoch implizit gespeichert und im späteren Leben durch vergleichbare Trigger jederzeit aktivierbar.« (Unfried, 2013, S. 48/49)

Natascha Unfried, die diesen Vorgang erst einmal auf Erwachsene bezieht, beschreibt danach auch die Gefahr für Kinder, die keine Selbst- und Affektregulation, also primär keine Beruhigung durch ihre Bezugsperson, gelernt haben: Auch wenn das kleine Kind versucht, resilient, d. h. dem Selbsterhalt dienend, zu reagieren, und die Gefahren mit einer »Prädisposition für Ängste, Schlafstörungen, Affektstörungen« (Unfried, 2013, S. 50) beantwortet, so ist doch in der Folge eine Verschiebung der Informationsverarbeitung zugunsten der rechten Gehirnhemisphäre zu beobachten, die für eine eingeschränkte Selbst- und Affektregulation zuständig ist. (Schore, 2002, S. 50)

Die gesunde, ganzheitliche Entwicklung des Kindes ist beeinträchtigt.

Die inneren Alarmsysteme der späteren Erwachsenen werden auf diese Weise dauerhaft überlastet mit den beschriebenen Auswirkungen. Dann kann es der Traumatisierten womöglich so gehen wie dem Hirten in einer Geschichte, der immer um Hilfe ruft, auch wenn keine reale Gefahr droht. Als dann tatsächlich einmal eine echte Gefahr (der Wolf) da ist, kommt ihm leider niemand mehr zu Hilfe.

Aus dem traumatisch erlebten Schrecken wird die alltäglich erlebte Angst der Traumanachwirkungen, da das sympathische Nervensystem übererregt bleibt. Doch wird diese nicht genügend ernst genommen und behandelt, »kann niemand erkennen, wann es wirklich ernst ist. (…) Eine erfolgreiche Traumatherapie stellt die Schutzfunktion der Furcht wieder her«. (Rothschild, 2017, S. 98)

Bedenkt man dann noch, dass nach dem Neurologen Antonio Damasio allen Emotionen Körperempfindungen zugrunde liegen (1994), dann versteht man auch, wieso man traumatisch belasteten Menschen keine endlos langen oder zu langsam gesprochenen, körperlichen Entspannungsübungen zumuten darf, soll es nicht zu Retraumatisierungen, also zu Wiederholungen der traumatischen Grundsituationen im Geist, kommen. Davon mehr in Teil III. 7., wo es um Möglichkeiten und vor allem auch um Grenzen von Selbsterfahrungsgruppen geht.

Was jedoch durchaus geübt werden kann und auch soll, ist, die Schwingungsfähigkeit des autonomen Nervensystems in dem sogenannten »Toleranzfenster«, also unserer Wohlfühlzone, durch die eigenen Bewältigungsstrategien im Umgang mit Stress zu erweitern:

»Man kann sich das Ganze wie einen Fensterrahmen vorstellen, in dem die Erregung mal schwach und mal stürmisch hin und her schwingt, sich dabei jedoch innerhalb des Rahmens bewegt. Das nennt man das Window of Tolerance. (…) Wir alle fühlen uns am wohlsten, wenn wir uns im Rahmen unseres Toleranzfensters bewegen, und streben diesen Zustand an. Das bedeutet gleichzeitig, dass wir uns so regulieren müssen, dass wir innerhalb dieses Rahmens bleiben.« (Charf, 2018, S. 39 ff.)

Die Unterbrechung des Reiz-Reaktions-Schemas gehört zu dieser veränderbaren Regulierungsfähigkeit wie auch andere Möglichkeiten der Selbstberuhigung und Distanzierung. Auch davon mehr in Teil III. 4., wo es um konkrete Anwendungsmöglichkeiten für Einzelne und in Gruppen geht.

Versetzen wir uns jetzt noch einmal in das Neugeborene hinein, das als Kind traumatisierter Eltern mit einem dysregulierten Nervensystem geboren wird:

8. Die Spiegelneuronen

Jede von uns kennt die sogenannten Resonanzphänomene, die uns zurücklächeln lassen, wenn wir angelächelt werden, oder uns den Mund selbst öffnen lassen, wenn wir ein Baby füttern.

Psychologisch ist uns die Intuition schon länger bekannt, die uns in die Lage versetzt, uns in eine andere Person und deren Absichten und Wünsche hineinzuversetzen. Auch sogenannte »Bauchentscheidungen« wird jede von uns kennen.

Auch ein Säugling lernt schon einige Tage nach seiner Geburt »vom Modell« und imitiert seine Bezugsperson, diese spiegelnd.

Doch erst als G. Rizzolatti in den 90er-Jahren mit seinen Makaken-Versuchen, einer Affenart, die biologischen Mechanismen dieser psychologischen Tatsachen untersuchte, kam Bewegung in die Forschung, ging man doch nun davon aus, dass bestimmte Spiegel-Nervenzellen, die in der prämotorischen Hirnrinde sitzen, auch bei uns Menschen dieselben Gefühle und Programme auslösen, wenn wir eine Situation nur beobachten und diese nicht selbst ausführen.

Diese große Resonanzfähigkeit wurde bald als »Schlüssel zur Empathie« gefeiert, und das Buch des Neurobiologen Joachim Bauer mit dem bezeichnenden Titel »Warum ich fühle, was du fühlst« erreichte ab Mitte der 90er-Jahre Bestsellerzahlen. (1995)

Er beschrieb hier sehr verständlich die biologischen Effekte dieser, durch andere Menschen ausgelösten, Resonanzphänomene als Grundmuster der gesamten Biologie, denkt man nur an die spiegelnd angelegte Doppelstruktur der Erbsubstanz DNA.

Auch wenn seit 2010 die Existenz menschlicher Spiegelneuronen als bewiesen gilt, sind ihr Einsatz und ihre Wirkweise heute noch in der Forschung umstritten.

Wir können aber aufgrund der vorhandenen Forschungsergebnisse schon jetzt davon ausgehen, dass die beschriebene Aufnahme von elterlichen Schuld- und Schamgefühlen bei den Nachkriegsgenerationen auch als ein Resonanzergebnis gesehen werden kann.

Als 1945 der Zweite Weltkrieg von den Alliierten beendet wurde, war nicht nur im Außen vieler Menschen in Deutschland alles zusammengebrochen, sondern auch im Inneren.

Der Verlust des künstlich aufgeblähten Größenselbst (falschen Selbst), das durch die NS-Rassenideologie mit falscher Größe und überzogenem Stolz gefüttert worden war und zu unvorstellbaren Gräueltaten »legitimiert« hatte, lässt viele Menschen beim Kriegsende innerlich leer und ausgebrannt zusammenbrechen.

Tausende in Deutschland, die sich nach diesem totalen Zusammenbruch nichts anderes mehr vorstellen konnten und berechtigterweise die Rache der eintreffenden Russen fürchteten, brachten als Endpunkt dieser menschenverachtenden Politik ihre Kinder und sich selbst um:

Eine »Selbstmordepidemie«, lange in Deutschland verschwiegen, griff monatelang um sich! (Huber, 2015)

Die, die überlebten, verdrängten Schuld und Scham, Trauer und Angst und gaben diese als übernommene Schuld – die späteren Schuldgefühle – an ihre Kinder und Kindeskinder weiter.

Diese wiederum banden sich durch diesen »Kitt« so unausweichlich an ihre Eltern und Großeltern, dass sie sich später fragen, warum ihre Trennungsschuldgefühle von den Eltern so überdimensional groß wurden. Viele von ihnen fanden heraus, dass sie die elterliche Ohnmacht mit übernommen hatten, die von diesen beim totalen Zusammenbruch verdrängt und an sie »delegiert« wurde!

Aus anderen Erfahrungen von Kriegskindern, Nachkriegskindern und Kriegsenkelinnen wissen wir auch, dass viele es lange Zeit als Bedürfnis und als Mangel empfunden hatten, emotionale Resonanz – statt emotionaler Taubheit! – geben und auch empfangen zu können.

Die vermisste elterliche Liebe ist auf der Webseite des Forums Kriegsenkel mit folgendem Wunschsatz zu lesen: »Geliebt zu werden – so, wie man ist«. Diese Sehnsucht nach bedingungsloser Liebe teilen sich Kriegsenkel und Nachkriegskinder mit Kriegskindern.

Dafür kann man sich neu öffnen, wenn man all das bisher Ungelebte und Nichtmögliche betrauert hat.

Dieser Wunsch ist im Ansatz der akzeptierenden, gewaltfreien Kommunikation zumindest ansatzweise erfüllbar und soll in Teil IV. 1. näher ausgeführt werden.

9. Der Einfluss auf die Bindungskompetenz

Dadurch, dass wir Menschen alle als physiologische »Frühgeburten« auf die Welt kommen, sind wir viel länger abhängig von unseren ersten Bindungspersonen als andere Säugetiere und verbinden uns instinktiv mit der Mutter, um zu überleben und uns hilfe-, trost- und nahrungsuchend an diese zu wenden. Diese Fähigkeit ist also schon von Geburt an als »Hardware« in unserem Gehirn vorhanden.

Durch bestimmte Gestaltungsmöglichkeiten unserer Bezugspersonen wie Feinfühligkeit, Verfügbarkeit und Verlässlichkeit entwickelt sich nun die jeweils individuell ausgeprägte Qualität dieser Bindung wie durch ein unsichtbares Band.

In Wechselwirkung von Mutter und Kind sowie oft einer weiterer Bezugsperson gestalten die Art und Weise der Berührungen, des »bondings«, des Blickkontakts, der Stimmen und Töne eine unaustauschbare Bindung nach jeweils unterschiedlichen Mustern.

Durch diese Art der Erfahrungen entstehen neue Nervenverbindungen, was den Forscher Daniel Siegel zu der folgenden Zusammenfassung seiner Ergebnisse veranlasste:

»Zwischenmenschliche Begegnung lässt die Nervenverbindungen wachsen, aus denen die Psyche entsteht.« (Siegel, 1999, S. 98)

Bei Nichtbenutzung (z. B. durch Vernachlässigung oder zu wenig Umweltstimulation) oder durch toxischen Stress (Misshandlung) können diese Nervenverbindungen allerdings auch wieder ausgeschaltet werden, was durch den Begriff »erfahrungsabhängig« signalisiert wird. Die Traumaexpertin Michaela Huber kennzeichnet dies mit dem nach Martin Buber abgewandelten Satz, dass »jede wirkliche *Entwicklung* (…) Begegnung heißt«. (Huber I, 2012, S. 89)

Welcher Art diese Begegnungen mit unseren ersten Bindungspersonen sein können, wurde bahnbrechend von John Bowlby und seiner Kollegin Mary Ainsworth Ende der 60er-Jahre durch prospektive Methoden erforscht, die auch Vorhersagen erlauben.

In sogenannt »fremden Situationen«, wo das Kind kurzzeitig von der Mutter getrennt wird, wurden vier Grundmuster von Bindungsstilen gefunden, die alle für die weitere Entwicklung des Kindes von großer Bedeutung sind.

Dem durch die Mutter sicher gebundenen Kind wird der größte Schutzfaktor für seine spätere seelische Gesundheit zugesprochen, der desorganisierten Bindung den geringsten. Dazwischen liegend gibt es noch die unsicher-vermeidende und die unsicher-ambivalente Bindung. (Huber I, 2012, S. 93)

Es wundert nicht, dass früh vernachlässigte, misshandelte oder Kinder von Eltern mit unverarbeiteten Traumata zu mehr als 80 % ein desorganisiertes Bindungsmuster an den Tag legen, also so viele frühkindliche Ängste mitbringen, dass sie auch mit späteren Bedrohungssituationen schlechter fertig werden als anders gebundene Kinder, ihre Stressresistenz kleiner und ihre sozialen Probleme größer sind.

Dies wirkt sich auch »negativ auf die Entwicklung von Nervenzellen, Synapsen (also Verbindungen von Nervenzellen), bestimmten Hirnstrukturen wie dem Pons (…) – dem Archiv unseres Gedächtnisses – aus«. (Huber I, 2012, S. 102/103)

Außerdem ist ihr Risiko für schwere psychische Probleme bis hin zur Suizidalität erhöht.

Das tiefe Erschrecken der Eltern durch erlittene und nicht verarbeitete Traumata ist in unserem Kontext der entscheidende Hinweis aus diesen Forschungen, da es von Generation zu Generation weitergegeben wird:

»Entscheidend für ein erschreckendes Verhalten der (traumatisierten, d. Verf.) Mütter scheinen eigene ungelöste Verlust- und Misshandlungserfahrungen zu sein, die (…) dazu führen, dass sie ihr eigenes Kind oft erschreckend finden und ihm das so spiegeln.« (Huber I, 2012, S. 95)

Dass der Krieg auch nach 1945 in den deutschen Wohn-, Kinder- und Schlafzimmern weiterging und viele aus unseren genannten drei Generationen davon betroffen waren, lässt sich vor allem an der Gruppe der Eltern sehen, die in der Forschung als »feindselig« gegenüber ihren Kindern beschrieben wird:

Ihre dort genannten Verhaltensweisen sind nicht nur, sich übergriffig, gewalttätig und aufdringlich wie bei einer kriegerischen Invasion gegen die Kinder zu verhalten, sondern auch die in den Puzzleteilen schon beschriebene Parentifizierung einzufordern, dass nämlich die Eltern aktiv erwarteten, das Kind möge sich um sie fürsorglich kümmern, also eine dauerhafte Rollenumkehr bewirken.

Manche der Kriegskinder und Nachkriegskinder entwickelten dann, wie zum Teil schon beschrieben, eine aktive und empathische Bewältigungsstrategie, um die Eltern nicht zu enttäuschen, und vor allem, um sie nicht zu verlieren: Sie tauschten dann wirklich die Rollen in den Bindungs-Fürsorge-Interaktionen und versuchten, die Belastungen der Eltern zu verringern, sich selbst zurückzunehmen und »pflegeleicht« zu sein – und die Erwachsenen bestätigten das Kind darin.

Auch diese »Helfer«-Identität mit den beschriebenen Auswirkungen des »falschen Selbst« (Arno Gruen) wird dann bis zur eigenen Hinterfragung an die nächste Generation weitergegeben.

K. Lyons-Ruth, die ihre Studien sogar im häuslichen Milieu anfertigte, vermutet hier nicht nur eine Projektion eigener, unerfüllter Eltern-Bedürfnisse auf die Kinder als Hintergrund, sondern auch ein kontrollierendes Steuern derselben, um eben durch die kindlichen Bedürfnisse und Gefühle nicht, wie schon angedeutet, an die eigenen verdrängten Affekte und Traumata aus ihrer Kinderzeit erinnert zu werden. (Lyons-Ruth, 2002, S. 449 ff.)

Auch durch das zurückgezogene Verhalten einer traumatisierten Mutter, ohne Blickkontakt und mit Vermeidung von körperlichem Kontakt, wird sie für das Kind zeitweise unerreichbar sein und gefühlsmäßig wie »tot« erscheinen. Das Kind versteht dies nicht und sucht Bewältigungsstrategien, um damit irgendwie zurechtzukommen: Es wird vielleicht seine Affekte verbergen, um die Mutter nicht noch mehr zu »stören«, wie es das annimmt, oder psychosomatisch darauf reagieren.

Dass dies alles keine bloß individuellen Traumafolgen sind, sondern auch bewusst eingesetzte, politisch bedingte Faktoren, zeigen die NS-Erziehungsideale, die verhindern sollten, dass sich das Kind familiär bindet, um es der totalen Unterwerfung unter die Staatsideale von Härte und Unnachsichtigkeit gegenüber sogenannt »Schwachem« auszuliefern.

Straff organisierte Verbände wie die Hitler-Jugend und der Bund deutscher Mädchen übernahmen die familiäre Erziehung und bereiteten mit »hart sein wie Krupp-Stahl« und der totalen Hingabe an Reich und Führer bei Jungen wie bei Mädchen den Boden für die Expansions- und Vernichtungspolitik der Nationalsozialisten.

Sie griffen dabei auf die schon vorhandene *Schwarze Pädagogik* aus dem Kaiserreich zurück: Kleinkinder ließ man schreien, sie wurden nicht herumgetragen, und man sollte sich nur bei körperlicher Verletzung um sie kümmern, um das spätere »Kanonenfutter« oder die »Gebärmaschine« für weitere Soldaten zu erhalten.

Daran setzte dann die schon bekannte Lungenfachärztin Johanna Haarer mit ihren NS-Erziehungsratgebern an, die bis zur Einstellung ihrer Produktion 1987(!) eine Gesamtauflage von 1,2 Millionen erreichten und noch heute in elterlichen oder großelterlichen Bücherschränken zu finden sind.

»Durch die Herabwürdigung kinderfreundlichen Verhaltens als Verweichlichung, Verzärtlichung und Verwöhnung wurde ein Dialog über Bedürfnisse und Bindung verhindert.« (Seidel, 2012, S. 132)

Karl-Heinz Brisch, der bekannte Bindungsanalytiker, beschreibt dieses nicht adäquate, unzureichende oder widersprüchliche Beantworten kindlicher Bedürfnisse vor allem bei Eltern, die ihre Traumatisierung nicht bewusst bearbeiteten, als grundlegend für alle Bindungsstörungen, die sich aus dem desorganisierten Bindungsstil ergeben. (Huber II, 2012, 2005, S. 110)

Da sich die in der Kindheit erworbenen dysfunktionalen Bindungsstile vor allem in nahen (Liebes-)Beziehungen der heutigen Erwachsenen zeigen, ist das Thema auch in Ratgeberbüchern wie »Warum ich mich immer in den Falschen verliebe« sehr populär geworden.

Hier wird beschrieben, was passiert, wenn verschiedenartig gebundene Menschen in Partnerschaften zusammenkommen und wie man mit den auftauchenden unterschiedlichen Erwartungen und Bedürfnissen umgehen lernen kann. (Levine & Heller, 2015)

Doch auch viele Psychotherapeutinnen und Leiterinnen von Selbsterfahrungsgruppen nennen die Partnerschaftsthemen von der Angst vor Nähe bis hin zu den Klagen über ungewollte Einsamkeit als zentral bei ihren Klientinnen und Teilnehmerinnen.

Dass auch aktuell oftmals eine gesunde, empathische Art der Kommunikation erst wieder gelernt werden muss, soll das folgende Kapitel zeigen.

10. Die Eltern-Kind-Psychodynamik: Die Bedeutung der Interaktion

Wir haben bislang die Bindungskompetenz als primäre Wechselseitigkeit kennengelernt und einiges über die körperlichen Verankerungen der transgenerationalen Traumaübertragungen gelesen.

So ist es nicht erstaunlich, dass auch auf der Interaktionsebene, dem verbalen und nonverbalen Umgang miteinander, das Erleben des mütterlichen und auch väterlichen Verhaltens beim Säugling wiederum seine Genexpression und damit seine Hormonproduktion beeinflusst und dies auch auf Blutspiegel von neuronalen Wachstumshormonen und Kortisol wirkt:

> »Verändern sich aber gerade diese Hormone, so hat dies Auswirkungen auf die Gehirnreifung und -entwicklung, damit indirekt wiederum auf das Verhalten des Kindes«, so beschreibt der Bindungsforscher Karl Heinz Brisch die zum Teil unselige Spirale zwischen Mutter bzw. Eltern und Kind, die sich gegenseitig ungesund hochschaukeln kann. (Brisch, 2012, S. 105/106)

Lassen Sie uns dies noch einmal an einem Beispiel einer typischen Interaktionssituation zwischen traumatisierter Mutter bzw. Vater und ihrem Kind zur Zeit des Nationalsozialismus veranschaulichen, um später auch aktuelle Kommunikationsschwierigkeiten zwischen Erwachsenen der drei Generationen besser zu verstehen.

Eine junge Mutter, die ihr Kind während des Terrorsystems der Nationalsozialisten austrägt, hatte meist selbst eine Mutter und einen Vater, die unter dem autoritären und militaristischen Regime des letzten deutschen Kaiserreichs aufgewachsen waren.

Schon zu dieser Zeit kursierten ärztlich autorisierte Ansichten, die den Müttern eine äußerst strenge, unerbittliche Haltung auferlegten:

> »Die Stillende darf aber bei allen Opfern, die sie dem Säugling bringt, sich nie durch falsche Nachgiebigkeit zur Sklavin des Kindes machen; sie ist berufen, dessen Herrin zu sein und lange zu bleiben.« (Althaus, 2006, S. 265)

Eingepasst in patriarchalen Familien- und Gesellschaftsstrukturen, setzten die Mütter der Kaiserzeit und der Zeit des Ersten Weltkriegs diesen rigiden Erziehungsnormen wenig Eigenes entgegen, da sie für ein ebenso angepasstes, »wohlerzogenes« Kind Wertschätzung und Anerkennung erhielten.

Genauso, wie ihr selbst kein eigener Wille zugesprochen wurde, unterbindet sie auch denselben bei ihrem Kind:

> »Artet der Eigenwille nicht aus und fügt sich das Kind dem Stärkeren, so ist dasselbe auf dem Weg, den Gehorsam kennenzulernen, und ist Gehorsam im Gemüt, so wird nicht fern die Liebe sein.« (Althaus, 2006, S. 267)

Diese fatale Koppelung von Liebe mit Gehorsam finden wir in den »Puzzleteilen« bei manchen Kriegskindern des Zweiten Weltkrieges und des Nationalsozialismus wieder.

Die Wurzeln dieser, später noch gesteigerten faschistischen Ausrichtung der Kinder auf die totale Selbstaufgabe für Reich und Führer sind also schon hier in der Schwarzen Pädagogik des Kaiserreichs zu finden.

Diese keineswegs nach den Grundbedürfnissen eines Säuglings ausgerichtete, unerbittliche Erziehungshaltung wird als konsequent aufgewertet und familiär wie auch gesellschaftspolitisch belohnt.

Wie sieht nun eine solcherart geprägte Interaktion eines kleinen Kindes mit seinen Eltern aus?

Ganz gleich, welcher Art die Trauma-Implantate der Mutter der NS-Zeit von denen ihrer Mutter und evtl. auch denen ihres Vaters aussehen – ob es Gewalt, Übergriffe bis hin zu Missbrauch und auch die Totalität der Kriegserlebnisse auf allen Ebenen gewesen ist –, sie und er werden sich meist innerlich wie äußerlich abschotten von diesen Traumaerinnerungen und sich damit auch dem Kind gefühlsmäßig entziehen, das ja ein Teil dieser verleugneten äußeren Realität ist.

Was passiert aber mit dem Kind, welches das Entsetzen in den Augen der Mutter bemerkt, als diese erfährt, dass ihr Mann gefallen ist oder umgebracht wurde? Die Mutter ist »weg« für das Kind in ihrem erstarrten Entsetzen, so André Green, ja – wie tot! Und es kann sich diese Situation nicht erklären, reagiert zuerst verwirrt und dann völlig orientierungslos: Genau die Person, zu der es eine Bindung aufbauen will, bei der es Beistand sucht in allen Gefahren, genau diese Person ist unerreichbar und vor allem nicht nachvollziehbar unerreichbar! Dies kann auch bei einem von Albträumen geplagten und schnell aggressiv ausagierenden Vater passieren, der noch voller verdrängter und schuldbeladener Kriegserfahrungen steckt. Auch dieser steht physisch und emotional kaum zur Verfügung – es gibt also keinen Ausweg für das kleine, bindungshungrige Kind!

Sein Bindungssystem arbeitet aber nun, wie wir schon wissen, auf Hochtouren, eine parasympathische Überreaktion entsteht, der toxische Stress ist total: Das Kind lässt sich kaum mehr beruhigen, schreit – und löst damit wiederum in den traumatisierten Eltern die bekannte Abwehr aus, ja nicht an die eigenen, verdrängten Gefühle erinnert zu werden!

Die dysregulierte Spirale ist in Gang gesetzt: Die Eltern wenden sich ab, distanzieren sich noch mehr von ihrem »gefährlich« emotionalen Kind, das abhängige Kind wiederum versucht alles, um seine

Bindungspersonen nicht zu verlieren, zumindest nicht äußerlich: Es entwickelt zum einen somatische Reaktionen und passt sich psychisch an bis zu devotem Verhalten, da sonst härteste Strafen drohen (siehe dazu den Film *Das weiße Band*) – es versteckt seine Wut, um diese oft später an Schwächeren auszuagieren –, oder es spielt die Bedeutung dieses Beziehungsverlustes herunter oder leugnet diese gar.

Später wundert es sich, wieso ihm oder ihr nicht nur zu den Eltern, sondern auch zu anderen, nahen Personen der Vertrauensaufbau so schwerfällt.

Luise Reddemann nennt dies den Verlust von »Just-Parents-Belief«, bei dem ähnlich wie bei dem »Just-World-Belief« das Grundvertrauen verloren geht, dass letztendlich immer das Gute über das Böse siegen wird. (2015, S. 38)

Man kann sich hierfür auch andere, repräsentative Szenarien vorstellen, z. B. die qualvolle Entwürdigung der Mutter durch Vergewaltigungen, die unvorstellbaren, chronifizierten Todesängste in unzähligen Nächten im Bunker, die versteckte oder sogar bewusste Scham, wenn die Eltern mitbekommen, wie Juden aus ihrer nächsten Umgebung misshandelt werden und verschwinden…

Hinzu kommen Hunger, Arbeitslosigkeit, Armut, später Verfolgung und Flucht. Und – nicht zu unterschätzen! – das kollektive Unbewusste, zu einem Volk zu gehören, das nicht nur zwei Weltkriege mit angezettelt hatte, sondern auch mit unvorstellbaren Gräueltaten in Verbindung gebracht wurde!

Die Mutter hatte selbst keinen Schutz erhalten, und ihre eigenen Grenzen wurden permanent missachtet, so wird sie mit ihrem zum Teil auch ängstigenden und übergriffigen Verhalten dem Kind weitgehend keine sichere, emotionale Basis, keinen sicheren Hafen zur Verfügung stellen können:

> »Das Kind, insbesondere der Säugling, ist auf seine Mutter zur eigenen Erregungsregulierung angewiesen, weil die Möglichkeiten zur affektiven Regulierung in frühen Interaktionserfahrungen für ihn noch gering sind.« (Huber II, 2012, S. 115)

Die Eltern aber wirken oft abwesend, gleichgültig, sind es gewissermaßen auch, da sie, um ein modernes Wort zu nehmen, in solchen Situationen »dissoziieren«, in ihrem eigenen inneren Gefängnis gebunden und »besetzt« sind.

Im kleinen Kind entsteht in der beschriebenen Wechselwirkung durch das nonverbale Verhalten der Eltern, durch ihre Körperhaltung, Mimik, Gestik, Stimme sogenannte »survival values«. Nicht nur, dass Mutter oder Vater zutiefst beängstigend wirken, mit ihrem Verhalten wird auch die gesamte Sicht auf die Welt geprägt – und diese Welt wird dann hauptsächlich als eine gefährliche abgespeichert, in der man nie weiß, wann das nächste Unglück passiert, und in der man vor allem nicht weiß, wie man es verhindern könnte!

»Diese Hypothese wurde durch die Arbeiten von Lyons-Ruth & Block (1996) bestätigt, die einen Zusammenhang zwischen der Schwere der erlebten Misshandlung und des Missbrauchs in der Geschichte der Mutter und ihrem Ausmaß an feindseligem und sich zurückziehendem Verhalten gegenüber ihrem Kind aufzeigten.« (Huber II, 2012, S. 115) Eine solche Mutter, und sicherlich auch viele Väter, werden nach dem Krieg vor allem eines suchen: Sicherheit, meist sogar eine zwanghaft übertriebene Form derselben, denn auch sie trauen dem Frieden ja tief in ihrem Inneren nicht mehr. Wenn sie bestenfalls an ihr Kind einen unsicher oder ambivalent geprägten Bindungsstil weitergegeben haben, wird dieses Kind übertrieben ängstlich aufwachsen, mit demselben Urmisstrauen gespeist, das es von seinen Eltern genommen hat.

Der Psychoanalytiker Christopher Bollas denkt diesen Ansatz konsequent weiter, wenn er in der Abwehr jeglicher Lebendigkeit der Eltern, die in übertriebener Weise »normal« sein wollen und sich selbst auf Materielles reduzieren, einen Hass dieser Eltern auf die Lebendigkeit ihrer Kinder feststellt, der auf diese »wie ein Todestrieb« wirke und spätere Panikattacken der erwachsenen Kinder verständlich werden ließe, denn Nachfragen war verboten:

> »Lass den Teil deines Innern in Ruhe, der sich um deinen Vater (und deine Mutter, d. Verf.) Gedanken macht. Durch eine Vielzahl derartiger Sätze wird die Psyche nach und nach stillgelegt.« (Bollas, 2014, S. 157)

Es genügen dann bald schon verächtliche Blicke der Eltern gegenüber dem Kind, damit dieses in eine Art von Schamstarre verfällt oder später in eine unberechenbare Rage, eine ins Mörderisch gesteigerte Wut, die sich beliebig entlädt, so wie wir Nachkriegskinder dies zum Teil von unseren gewalttätigen Kriegsvätern kennen.

Doch der erlebte psychische Mangel bindet diese Kriegs- und Nachkriegskinder paradoxerweise innerlich noch mehr an ihre Kriegseltern, auch wenn sie als Erwachsene äußerlich die Flucht antreten mögen über Hunderte von Kilometern weg von ihrem Elternhaus.

Sie werden als sehr loyal gegenüber ihren Eltern bis in deren hohes Alter beschrieben, wie wenn das gemeinsam gehütete Schweigen sie wie durch ein unsichtbares Band verbinden würde.

Fachleute erklären dies so, dass sich die Generationen mit ihren Erfahrungen und mit dem transgenerational Übernommenen sozusagen ineinanderschieben (Telescoping). Es ist dadurch unklar, wem was zuzuordnen ist. Die natürliche Ablösung der Jüngeren wird dadurch extrem erschwert, wenn nicht sogar verunmöglicht.

In der Forschung erklären dies manche auch mit dem »Erinnerungstabu«, dem später weiterhin verordneten Schweigen über die Generationengrenzen hinweg, das die eigene Identität im Unklaren sein und nach der Zeit der »Fraglosigkeit« oftmals selbstquälerische Fragen hochkommen lässt. Denn das unerledigte, übernommene und auch selbst erlebte Trauma »arbeitet« in den nachfolgenden Generationen weiter, es will »gelöst« im Sinne von »verstanden« werden. Schon S. Freud prägte dafür den Satz, dass das Unbewusste sich durchsetzen würde, damit die Seele endlich zur Ruhe kommen kann!

Und C. G. Jung erweiterte diesen Ansatz mit seinem Begriff des *kollektiven Unbewussten*, der die Aufnahme von Traumata über die individuelle Familiengeschichte hinaus in die gesellschaftliche Dimension hinein öffnet.

Doch diese »unerhörten« Fragen bleiben meist weiterhin unerhört von den Eltern und lange Zeit auch noch von der Gesellschaft – es hatten ja alle diese Zeit erlebt, und so galt das Erlebte als »normal«. Und es saßen genügend Altnazis weiterhin in gesellschaftlich wichtigen Bereichen im Sattel, die von dem Dogma »es muss jetzt nach vorne geschaut werden« profitierten.

Somit bleibt eine oft destruktive Art der Generationenbindung in den Familien und über lange Jahrzehnte auch eine gesellschaftlich geforderte Verdrängung bestehen, die sich erst in den letzten Jahren langsam auflöst.

Erst wenn durch Selbsterfahrung, Therapie oder durch andere gesunde Bindungen in nahen Beziehungen der Leidensdruck der Einzelnen gesehen und anerkannt wird, können *Ent*idealisierungsprozesse und damit gesunde Ablösungen von den Elternimagines (den verinnerlichten Vorstellungen über die Eltern) stattfinden.

Erst dann kann dieser selbstquälerische Anteil unerhörter Fragen und innerer Fremdkörper nach und nach zur Ruhe kommen, und die Generationen können unterscheidbar werden. Davon mehr im dritten und vierten Teil.

KAPITEL III

Bausteine mehrgenerationaler Selbsterfahrungsgruppen

Es gibt inzwischen – 74 Jahre nach Befreiung der Deutschen und dem Ende des Zweiten Weltkriegs – mit den aktuellen Kriegen, Diktaturen und Fluchtnotwendigkeiten neue Herausforderungen an unsere Mitmenschlichkeit.

Der Umgang mit diesen und anderen Herausforderungen birgt auch Chancen für alle Generationen, in der Flüchtlingshilfe, in der Friedens- und Umweltschutzbewegung, im hier miteinander gelebten Leben neu in Kontakt und vielleicht zur Versöhnung zu kommen.

Der generative Aspekt all dieser Themen verbindet: Es berührt mich zutiefst, auf einer Demonstration gegen die weitere Zulassung des Glyphosat-Giftes hinter einem alten Paar von über 80 Jahren zu laufen, ebenfalls die Hunderte von Jungbäuerinnen und Bauern zu sehen, die dazu in der Januarkälte aus ganz Deutschland mit ihren Traktoren nach Berlin gekommen sind.

Es verbindet und tröstet mich tief greifend, bei einer »Stolperstein«-Legung in meiner Heimatstadt auch von sehr alten Frauen und Männern umgeben zu sein.

Wenn ich lese, dass sich auch alte Menschen zunehmend den inneren Reichtum einer Psychotherapie gönnen, durchströmt mich ein Glücksgefühl…

Wenn ich Ihnen nun also einen Einblick in das Innere meiner mir sehr nahestehenden mehrgenerationalen Selbsterfahrungsgruppen gebe, soll das bitte nur als eine von vielen Möglichkeiten verstanden werden, ein würdevolles Leben zu leben, in dem neben der wertgeschätzten Fülle im Außen auch das innere »wahre« Selbst gesucht und verwirklicht wird.

Die oben aufgeführten Not-Wendigkeiten, aktiv zu sein, können im Übrigen auch prima durch die Selbsterfahrungsarbeit ergänzt werden und umgekehrt.

Durch welche Werte und umgesetzten Ziele gelingt dies?

1. Humanistische Ethik

Die dem Humanismus verpflichtete Grundhaltung strebt an, jedem Menschen die bestmöglichste Persönlichkeitsentwicklung zu ermöglichen, indem das von Abraham Maslow postulierte Streben des Menschen nach Selbstverwirklichung als oberster Wert in seiner Bedürfnispyramide genutzt und umgesetzt wird.

Dies drückt die von mir zutiefst verehrte Holocaust-Überlebende und Traumatherapeutin Dr. Edith Eva Eger (2017, S. 28) mit folgenden Worten aus:

»Wir sind hungrig. Wir sind hungrig nach Anerkennung, Zuwendung, Zuneigung. Wir sind hungrig nach der Freiheit, das Leben anzunehmen, hungrig danach, uns wirklich zu kennen und wir selbst zu sein.«

Dieser Hunger nach Selbstverwirklichung wird durch Werte wie Respekt und Würde jedes Menschen inhaltlich gefüllt. Dabei ist die Orientierung an der Menschenwürde mehr als ein nur äußeres Recht, das sich auch im Artikel 1 des Grundgesetzes – die Würde des Menschen ist unverletzbar – wiederfindet.

Nach dem Schweizer Philosophen Peter Bieri korreliert die äußere Würdegarantie auch mit der »inneren Ehre« einer bestimmten Lebensführung als »notwendiger Bedingung für ein glückliches Leben«. (Bieri, 2013) Dies beinhaltet für ihn auch einen Gestaltungsauftrag für jeden einzelnen Menschen an sein Leben, man denke hier auch an das Sprichwort, »das ist unter meiner Würde«.

Könnte man dieses Postulat der Selbstverwirklichung aber auch als Rechtfertigung sehen, die bloße Egozentrik absolut zu setzen?

Im schlimmsten Fall könnte einem angesichts des Inhumanitätsskandals in der ersten Hälfte des 20. Jahrhunderts mit dem Holocaust als größtmöglichem Verrat an der Menschheit die humanistische Grundhaltung als naiv und geschichtsvergessen entgegengehalten werden.

Beides meint die humanistisch geprägte Psychologie, der ich mich verbunden fühle, nicht:

Gerade weil die Verführbarkeit und das auch Böse im Menschen ernst genommen werden, soll und kann die andere Seite im Menschen gestärkt werden: »Wir sind für das Handeln, das aus einer bestimmten Denkungsart folgt, jederzeit verantwortlich, was heißt, dass wir es auch anders machen können und sollen.«

Was die Philosophin Bettina Stangneth (2016, S. 206) hier als Menschenpflicht bezeichnet, sich durch den Einsatz der Vernunft nicht dem Rigorismus auszuliefern, findet in der humanistischen Psychologie und in der neueren Traumatherapie seine Entsprechung in dem Wissen, die Reiz-Reaktions-Kette jederzeit unterbrechen zu können. Das kennen wir alle schon im Kleinen, wenn wir es geschafft haben, nach einer Kränkung Abstand zu suchen, anstatt wutentbrannt direkt überzureagieren und sich damit in eine destruktive Spirale mit hineinzubegeben.

Diese Distanzierung dagegen kann man üben und ist so seinem »inneren Volksgerichtshof« als Erwachsene genauso wenig ausgeliefert wie äußeren, zeitweise als totalitär empfundenen, Anforderungen.

Die der psychologischen Selbstverwirklichung zugesprochene Möglichkeit der Selbsterlösung – gegenüber dem theologischen Primat, von Gott erlöst zu werden – beinhaltet also auch eine leitende Kraft der Distanzierung und Relativierung von zuerst absolut erscheinenden (An-)Trieben.

Doch wie ist meine Haltung als die Gruppe Anleitende, aus mir heraus, aber auch, um meist autoritär geprägten und tief verletzten Menschen ein selbstbestimmtes, mitfühlendes Leben, zuerst sich selbst gegenüber, zu erleichtern?

Als Erstes beruht meine Haltung auf gegenseitigem Respekt vor der Würde und Einzigartigkeit der anderen und schließt ein, sich auf Augenhöhe, von Mensch zu Mensch, zu begegnen. Dies ist eine wichtige Voraussetzung für zu mir in die Gruppe Kommende, da sie oft mit dem Patientenstatus und dem damit zusammenhängenden Machtgefälle und der Hierarchie der Beziehungen ihre berechtigten Schwierigkeiten haben.

Erst wenn ich mich im Prozess als mich auch Verändernde sehe und begreife, kann ich auch die Themen der anderen bei mir wahrnehmen und authentisch reagieren, aber auch die Anregungen anderer aufnehmen.

Mein Grad an historisch gewachsener Selbsterkenntnis ist Voraussetzung dafür, die anderen als die zu erkennen und zu würdigen, die sie geworden sind, und auch zu sehen, was jetzt gebraucht wird.

Diese Dialektik in der psychodynamischen Beziehung hat Eva Eger (2017, S. 283) schön ausgedrückt, die den Samen ihrer Berufung so beschreibt:

Ich »suche danach, mein Leben sinnvoll zu gestalten, indem ich anderen helfe, Sinn in ihrem Leben zu finden; geheilt zu werden, indem ich andere heilen konnte, andere zu heilen, damit ich mich selbst heilen konnte«.

Wir sind auch in einer Selbsterfahrungsgruppe gemeinsam auf dem Weg, den Sinn unserer Begegnung zu erkennen und zu nutzen nach dem Leitmotiv der Psychotherapeutin Donna Orange, »making sense together«.

Dies kann nur in einer Atmosphäre der Offenheit, Wertschätzung und des Mitgefühls gelingen.

Und wenn ich meine eigenen Erfahrungen mit Traumatisierung sowie die von anderen, die ich begleiten durfte, ernst nehme, dann braucht es mit traumatisierten Menschen eine besondere Behutsamkeit und ein Da-Sein mit dem ganzen Herzen, eine bedingungslose Zuwendung im Hier und Jetzt, da der Vertrauensaufbau aus verständlichen Gründen sehr viel langsamer als in anderen Gruppen vonstattengeht.

Manche Teilnehmerinnen haben bisher nie Geborgenheit erleben dürfen, wie sollen sie denn in Windeseile Vertrauen – nicht Autoritätsgläubigkeit! – aufbauen? Alle Prozesse brauchen also mehr Zeit, mehr Geduld, mehr Kontinuität und auch mehr Erklärungen, davon mehr im Abschnitt »Psychoedukation«.

Wenn eines der Gruppenziele Selbst- und Affektregulation ist – die anderen Ziele legen die Teilnehmerinnen selbst für sich fest –, dann kann es nicht angehen, dass ich Inhalte, Methoden oder Geschwindigkeiten bestimme: Ich möchte ja genau, dass sich diese Koppelung von »Liebe und Gehorsam« (Ich könnte auch sagen: von Autorität und Gehorsam!) auflösen darf!

Dann ist es selbstverständlich, dass ich frage, was den Teilnehmerinnen jetzt guttun würde, oder dass ich Übungen nur vorschlage oder zur Auswahl stelle, dass ich Methoden nur als Angebote zur Verfügung stelle und die Teilnehmerinnen gleichberechtigt daran partizipieren, die Wege gemeinsam zu gestalten.

Genauso gut stehe ich auch zu meinen Grenzen in meinen Angebotsmöglichkeiten und schlage alternative Wege und Therapieformen bei Kolleginnen vor, wenn ich diese Notwendigkeit bei Teilnehmerinnen wahrnehme.

Ich nehme keine »Deutungshoheit« wie traditionell orientierte Psychoanalytikerinnen in Anspruch, doch ich gebe Resonanz, wenn sie gewünscht wird, und vor allem zeige ich Parteilichkeit für die damals leidenden inneren Kinder: Sie sollen nicht noch einmal verlassen werden, und dazu ermutige und unterstütze ich meine erwachsenen Teilnehmerinnen.

Die Gruppe selbst begreife und nutze ich als geschützten Raum ohne Bewertungen der Teilnehmenden. Das schließt gewünschtes, auch achtungsvoll-kritisches Feedback ein.

Die Gruppe ist für mich ebenso ein »Container«, der alles aufnimmt und trägt und hält, somit langfristig Sicherheit gibt, und jede sich in allen Themen der anderen wiedererkennen und als Teil eines Ganzen fühlen kann.

Das schließt auch die Freiheit ein, selbst zu bestimmen, wann jemand an etwas arbeiten will und wann nicht.

Durch die Chance, hier drei Generationen mit unterschiedlichsten Übertragungsmöglichkeiten (den aktuellen Wiederholungen vergangener Beziehungsmuster mit Primärpersonen) zu begegnen, entsteht eine neue Form von Generativität: Die emotionale Fremdheit gegenüber den anderen Generationen kann durch dieses neue Sichkennenlernen und durch positive Erfahrungen miteinander überwunden werden.

Allein schon dies relativiert die »Absolutheit« der traumatischen Erfahrungsanteile der eigenen Eltern und anderer Ahnen in uns sowie die der eigenen erlebten Traumata und stellt ein Gegengewicht auf der inneren »Wippe« der gesamten Erfahrungen dar.

Dies ermöglicht ein gefühlsmäßiges Hin- und Herswitchen, ein Hin- und Herpendeln zwischen damals schwieriger und jetziger positiver Erfahrung und hilft zu realisieren, »mehr als nur das Trauma« zu sein.

Schon die Möglichkeit, mit den anderen jetzt vertrauensvoll kommunizieren und auch streiten zu lernen, trägt zu dieser Selbstermächtigung mit bei, jederzeit den gedanklichen Fokus verändern zu können und damit mehr als nur die jeweiligen Gefühle, die nur mit »damals« zu tun haben, zu sein.

Außerdem eröffnet eine Selbsterfahrungsgruppe zum einen die Chance, mit den schwierigen Erfahrungen nicht wieder allein bleiben zu müssen wie früher, und sie hilft auch, nach und nach, in eigener Geschwindigkeit, das fragmentierte Erinnerungspuzzle durch den achtungsvollen Spiegel der anderen behutsam zusammenzusetzen.

Wie sollte nun eine solche Gruppe aufgebaut sein, um diese Werte umzusetzen und den genannten Zielen Schritt für Schritt näher zu kommen?

2. Sicherheitsgebendes Setting

Gerade weil mir ein langsamer Vertrauensaufbau in Gruppen mit unterschiedlich traumatisierten Menschen existenziell notwendig erscheint, erfordert dies ein Setting, einen äußeren Rahmen, der zunehmende Vertrautheit ermöglicht und Kontinuität beinhaltet.

Dies wird durch eine strukturelle Klarheit erreicht, die möglichst ruhige, geschützte und für alle gleichermaßen erreichbare Räume ebenso umfasst wie einen vertrauten, angstmindernden, geregelten äußeren Ablauf der Gruppensitzungen.

So haben wir durch Dagmar im »Puzzle« des ersten Teils erfahren, wie schnell sich Menschen mit körperlichen Einschränkungen bei unpassenden Räumen nochmals mehr als eingeschränkt und nicht gesehen im weitesten Sinn erleben müssen, aber auch, wie heilsam es wirken kann, auf diese Bedürfnisse – so sie denn endlich artikuliert werden! – dann auch eingehen zu können.

Die Termindichte wird ebenso gemeinsam diskutiert wie die Länge der einzelnen Sitzungen, sodass eine größtmögliche Mitbestimmung aller an den Entscheidungen und an der Verbindlichkeit der Absprachen entstehen kann.

So wurde auf Anregung von Teilnehmerinnen einer schon mehrjährig stattfindenden Gruppe ein monatlicher Rhythmus auf einen zweimonatigen geändert mit der doppelten Zeit (6 statt 3 Stunden), um dem gewachsenen Bedürfnis nach mehr Übungen gerecht zu werden, die dann in der längeren, gruppenfreien Zeit auch angewendet und eingeübt werden können.

Mit der Zeit ergibt sich durch mein Nachfragen und Einholen der Rückmeldungen ein Ritual mit besprochenen Gruppenregeln und einem gleichbleibenden, vertrauensförderlichen Ablauf.

In der anfänglichen, angeleiteten Wahrnehmungsübung des Körpers, die ich variiere, oder auch in einer geleiteten Kurzmeditation kommen alle im Hier und Jetzt und bei sich an.

Den Körper, wenn auch nur kurz, wahrzunehmen, ist für viele, die gelernt haben, nichts mehr zu spüren, nichts mehr »merken« zu dürfen (Alice Miller), schon eine gehörige Herausforderung und bedarf einer genauen Beobachtungsfähigkeit der Gruppenleitung, hier niemanden Richtung Retraumatisierung zu gefährden.

Dazu gehört für mich, mit keinerlei Methoden die Teilnehmerinnen in eine Veränderung hineinzupushen wie z. B. den Atemrhythmus künstlich zu verändern oder auch nur Aufforderungen in der Art zu geben, sich nun aber endlich mal zu entspannen.

Es geht um kürzeste machbare Minieinheiten, die wertungsfreie Körperwahrnehmung ermöglichen, und damit ist schon viel erreicht.

So ist es selbstverständlich und auch ausgesprochen, dass jede, die das möchte, dabei die Übungen mit offenen Augen durchführen, in die Kerze schauen kann oder zum Teil den Igelball in die Hand nimmt, um ganz in der aktiven, haptischen Wahrnehmung zu bleiben. Das verhindert ein »Abrutschen« in die traumatische Vergangenheit, da durch zu langer passiver Hingabe bei den Körperübungen nach dem Traumaexperten Bessel van der Kolk das Gefühl von Kontrollverlust entstehen kann, das dann evtl. mit dem Gefühl der Lähmung wie beim traumatischen Schock assoziiert wird.

Um diesen »Trigger«, diesen »Auslösereiz« zu vermeiden, gibt es auch die ausgesprochene Erlaubnis, jederzeit ohne Worte die Übungen abbrechen und den Raum verlassen zu können.

Mit dieser Behutsamkeit und Begrenztheit durchgeführt, konnotieren fast alle Teilnehmerinnen und Teilnehmer, die ich in den letzten Jahrzehnten begleiten durfte, gerade diese Übungen als sehr angenehm und wirkungsvoll, ihren Körper mehr und mehr wertungsfrei einfach nur wieder spüren, entdecken zu lernen, dabei nichts verändern zu »sollen« und diesen trotzdem wieder mit positiven Gefühlen und Erfahrungen zu verbinden.

Die eigene Körperweisheit wiederzuentdecken heißt im übertragenen Sinne ja auch, mehr zu sein als nur das Trauma und sich dem Körper wieder neu anzuvertrauen, seine Signale zu beachten und anzunehmen.

Der Körper wird so wieder nach und nach bewohnt (der früher als Schutz oftmals psychisch verlassen wurde!).

Durch das Wahrnehmen dieser Behausung kann ein Heimatgefühl entstehen in der Art, wie es der Breema-Körpertherapeut Pari Schneider so schön mit »Ich hab' mich!« als Begleitsatz zu seinen Übungen ausdrückt. (Schneider, 2018)

Danach gibt es in der Eingangsrunde für jede Teilnehmerin die Möglichkeit auszudrücken, wo sie gerade thematisch und gefühlsmäßig ist und was sie heute braucht. Manchmal wird auch hier Bezug genommen zur letzten Sitzung und was sich bisher bei der Einzelnen getan hat.

Diese Runde dauert unterschiedlich lange, bis die aktuellen Anliegen aller wirklich gut fühlbar werden. Teilnehmerinnen und auch ich können zum besseren Verständnis des Gehörten achtungsvoll nachfragen, ohne die Erzählende zu bewerten oder sie in eine Diskussion zu verstricken.

Ich fasse dann die gehörten Themen in Oberbegriffen wie zum Beispiel »Bedeutung der Somatisierung« oder »Wertesuche« zusammen, um das Gemeinsame der Themen deutlich werden zu lassen.

Dadurch, dass wir uns alle als Teile dieses Gruppenganzen verstehen, verbinden wir uns mit dem Thema, bei dem die dichteste Energie, die größte Dringlichkeit durch die Nähe der Betroffenen zu spüren und damit die größte energetische Unterstützung aus der Gruppe zu erwarten ist. Das schließt nicht aus, dass sich im Laufe des Tages nicht auch andere Schwerpunkte ergeben können, je nachdem, wie die Teilnehmerinnen sich und ihre Bedürfnisse einbringen.

Dass das Raumeinnehmen durchaus auch manchmal konflikthaft besetzt sein kann, wurde in den Puzzleteilen schon deutlich, denn sicherlich können nicht alle Bedürfnisse zu jedem Zeitpunkt gleichermaßen erfüllt werden. Das Raumeinnehmen selbst kann auch sehr ambivalent besetzt sein, wie das Beispiel eines Nachkriegskindes zeigte, das den Kriegskindern automatisch immer den Vortritt ließ.

Es wird aber mit Sicherheit in der Abschlussrunde besprochen werden, wie dieser Prozess des Sicheinbringens für jede Einzelne gelaufen ist, welches Thema sie damit verbindet, zum Beispiel Konkurrenz oder die Vermeidung derselben, und welche Wünsche sie für das nächste Mal an die Gruppe richtet – und an sich selbst …

Am Ende jeden Gruppentages bleibt genügend Zeit für diese Rückschau, was jede mitnimmt von dem Tag sowie für Feedback und weitere Wünsche.

Die Übungen, die in III. 4. noch skizziert werden, und andere Materialien werden den Teilnehmerinnen kopiert zur Verfügung gestellt, wie auch Literatur untereinander ausgetauscht werden kann.

3. Ermöglichung von Wahlfreiheit statt Gehorsam

Schon bei der Skizzierung des Settings wurde eben erwähnt, wie wichtig es ist, dass den Teilnehmerinnen inhaltlich, methodisch wie auch, was das Tempo betrifft, das selbstständige Auswählen ganz selbstverständlich ermöglicht wird.

Das ist kein methodischer Trick, sondern meine Haltung als Gruppenleitung, die viele in ihrer Vergangenheit in der Patientinnenrolle nicht erlebt haben – dort fühlten sie sich oft eher zum Objekt gemacht denn als Subjekt behandelt, wie es übrigens sogar das Patientenrecht vorschreibt, das vorschreibt, mündige Aufklärung einzubauen und Alternativen zu nennen.

So freute es mich umso mehr, dass ich diese meine langjährig entwickelte Haltung – die bei manchen, zur Passivität erzogenen, Teilnehmerinnen manchmal gar nicht so leicht durchzuhalten ist und viel Vertrauen und Klarheit meinerseits erfordert – auch bei Eva Eger (2017, S. 304) wiederfinde:

»Müsste ich meiner Therapie einen Namen geben, würde ich sie vermutlich Therapie der Wahlfreiheit nennen, da es bei Freiheit um die Freiheit der Wahl geht – (…). Der einzige Ort, an dem wir unsere Freiheit der Wahl ausdrücken können, ist in der Gegenwart.«

Schon in den »Puzzleteilen« wurde deutlich, wie wenig in der meist autoritär geprägten Erziehung der Kriegs- und Nachkriegskinder einfach auch mal spielerisch und ohne Strafe ausprobiert werden durfte, was einem guttun und was die eigene Entwicklung befördern könnte.

Diese mentale Handlungsfreiheit gilt es wieder freizulegen, denn ich gehe davon aus, dass diese kindliche Neugier, diese Freude, sich auf unterschiedlichste Weise wahrzunehmen und auch die Freiheit auszuprobieren, dass es auch auf andere Weise gut gehen könnte, durch die beschriebene autoritäre Erziehung zum unbedingten Gehorsam einfach nur verschüttet wurde.

Der »Selbst-Sinn« (me-ness, mine-ness) im Sinne der Zugehörigkeit der Erlebnisse zu sich selbst wurde durch das Erfüllen fremder Erwartungen oft zum gefühlten falschen »Selbst« (Arno Gruen), dessen wahrer Kern erst langsam und experimentell wieder freigelegt werden kann.

Nicht umsonst getrauen sich viele tüchtige und beruflich auch erfolgreiche Teilnehmerinnen, wie schon im ersten Teil beschrieben, erst nach dem Tod ihrer Eltern oder eines Elternteils, sich hier neu auszuprobieren.

Die quälenden Selbstzweifel mit »hätte« oder »wäre ich doch nur« sind dadurch aber oft noch nicht verschwunden.

Diese Glaubenssätze, die früher ihren Sinn gehabt hatten, werden nun mit spielerischem »einfach mal das Gegenteil glauben oder tun« anders ausprobiert, und schon diese symbolischen Möglichkeiten in der Gruppe weichen den eingefleischten Gehorsam in seinen Grundfesten auf.

Doch auch andere Erscheinungsformen des *falschen Selbst* werden benannt, wenn Menschen ihre Grundbedürfnisse nach Anerkennung in Zielen zu erfüllen suchen, die sie fälschlicherweise für ihre eigenen halten:

Ich denke hier besonders an Arno Gruen, der den Ehrgeiz dafür verantwortlich macht, »der am besten verhüllte Auswuchs des alten Gehorsams zu sein«. (2000, S. 144)

Die Hauptgefahr dabei ist dieselbe wie früher, nämlich die wirklich als »echt« gefühlte Eigenverantwortung für das eigene Leben und das unserer Nachkommen gar nicht mehr zu wagen und zu gestalten, sondern die Verantwortung bequemerweise abzugeben und damit die eigene Wahlfreiheit gegen die Ketten eines fremdbestimmten Sich-führen-Lassens einzutauschen – und dies oftmals noch nicht einmal zu bemerken!

Wo aber könnte man sich freier ausprobieren und symbolisch besser Alternativen anfühlen als erst einmal in einer geschützten, nicht bewertenden Gruppe?

Auch hierfür gibt es körperliche »Beweise«, dass eine Aktivierung dieser Selbst-Beschützerinnenanteile einfach gesund ist:

»Achtsamkeit verstärkt die Aktivierung des medialen Präfrontalkortex und verringert die Aktivierung von Strukturen wie der Amygdala, die unsere emotionalen Reaktionen initiieren«, so der ärztliche Leiter des Trauma-Zentrums in Brookline, Professor B. v. d. Kolk. (2017, S. 337)

Dazu gilt es aber, mich als Gruppenleiterin vor allem in der »Besserwisser-« und »Kümmerinnenrolle« zurückzunehmen und mit genügend Wahlmöglichkeiten diese Selbstbestimmungsfähigkeit der Teilnehmerinnen wieder aufblühen zu lassen.

Manchmal gilt es auch einfach, schweigend miteinander auszuhalten, um mit Rainer Maria Rilke zu sprechen, dass wir nur langsam »in die offenen Fragen hineinleben« können sowie manches Unveränderliche auch einfach hinzunehmen ist. Doch auch das Leid, das kollektiv, also auch in der Gruppe, erlebt und betrauert werden darf, schafft Verbundenheit und kann so auch zu einem schützenden Faktor werden. Im Trauerprozess akzeptieren wir letztendlich ja auch die Dinge, die nicht gelebt werden konnten oder die einfach so sind, wie sie sind. Und wird dies in der Gruppe mitgetragen und »bezeugt«, so fühlen wir uns durch diesen Spiegel auch mit diesen schweren Anteilen gesehen und anerkannt und können dies dann auch leichter selbst tun.

Dies schließt eine fürsorgliche, mitfühlende und aufklärerische Haltung nicht aus, wie es im nächsten Kapitel dargelegt werden soll.

4. Schonende, Distanz lernende Bewusstwerdung durch Psychoedukation und Imagination statt Retraumatisierung

Die Einladung zur achtsamen Selbstbeobachtung, die ich im ersten Kapitel am Beispiel der Körperwahrnehmung vorgestellt habe, wird im weiteren Verlauf des Gruppentages auch auf anderen Ebenen fortgesetzt: Traumatisierte Menschen wollen und sollen aktuell auf allen Ebenen die Kontrolle behalten, das ist eine sehr verständliche und wirkungsvolle Traumabewältigungsstrategie. Also hole ich sie auch in einer Selbsterfahrungsgruppe dort ab, wo sie sich selbst für manche, ihnen unverständliche, Verhaltensweisen und gefühlsmäßigen Erregungszustände ängstigen und verurteilen.

Auf der Kognitionsebene aber sind Menschen am leichtesten erreichbar, diese wirkt angstmindernd und Ich-stärkend.

So geht es darum, zur Einführung und auch in passenden Momenten zwischendurch über Traumaarten, intuitiven Umgang mit Trauma, Traumabewältigungsstrategien, möglichen Traumafolgen und -erfordernissen zu informieren und um Verständnis zu werben gegenüber zunächst unverständlichen Symptomen.

Mit dem Verstehen dieser Traumabewältigungsstrategien als ehemals sinnvoll eröffne ich den Teilnehmerinnen eine neue Art der Selbstbegegnung und Selbstakzeptanz gegenüber ihren bislang unverstandenen Reaktionsweisen.

Gleichwertig gehört es mit zur Psychoedukation, die Erinnerung bisheriger eigener Lösungen aus solchen Zuständen zu unterstützen etwa mit der Frage, wie die Teilnehmerin es bisher geschafft habe, mit als unangenehm oder beängstigend empfundenen Gefühlszuständen umzugehen: »Was machen Sie bisher für sich, wenn gar nichts mehr geht?«

Hier werden also schon vorhandene und eingesetzte Ressourcen der Teilnehmerinnen reaktiviert, oder es können auch andere Lösungsmöglichkeiten von Gruppenteilnehmerinnen kopiert werden.

Gleichzeitig geht es um die Förderung der Selbstermächtigung, sich selbst gegenüber »die bestmögliche Mutter« zu sein nach dem Motto, niemand kennt die Möglichkeiten meiner Bedürfnisbefriedigung besser als mein wahres (oftmals verborgenes) Selbst.

Auch die Übertragung dieser Bedürftigkeit auf die Gruppenleiterin wird damit reduziert und Abhängigkeit zu dieser erst gar nicht so stark aufgebaut.

Das Kennenlernen des inneren Teams, der verschiedenen aktuellen Persönlichkeitsmerkmale, gehört auch zu dieser, im Hier und Jetzt stabilisierenden Ressourcenarbeit, verdeutlicht sie doch die Vielfalt und den Reichtum des eigenen Spektrums und relativiert damit auch den Glauben an die Absolutheit des Traumas.

Da die traumatische Vergangenheit oftmals so erlebt wird, als sei sie die Gegenwart, ist es auch wichtig, diese Verschiebung der Zeiten wieder zurechtzurücken: Erlebt sich die Teilnehmerin als kompetente Erwachsene mit all ihren heutigen Ressourcen, schafft sie schon mit dieser Bewusstheit eine Distanz zum früheren traumatischen Geschehen und verhindert somit selbst eine Retraumatisierung.

Analog zum aktuellen inneren Team kann auch mit dem »historischen« Team der inneren, unterschiedlich alten, verletzten oder vernachlässigten Kinder in Imaginationsübungen gearbeitet werden (Reddemann, Huber u. a.), um die »Self-Leadership-Fähigkeiten« (van der Kolk, 2017) zu stärken, indem diesen einzelnen Kind-Anteilen geholfen wird.

In meiner Weiterbildung bei Frau Professor Luise Reddemann in der »Psychoimaginativen Traumatherapie« (PITT) lernte ich neben den Imaginationsübungen auch theoretisch wichtige Zusammenhänge kennen, die ich nun im Bereich der Psychoedukation an die Teilnehmerinnen weitergebe. Genauer nachzulesen ist dies bei L. Reddemann 2011 und 2016.

Wenn wir manchmal übertreiben und für uns unverständlich auf eine Situation emotional reagieren, so kann davon ausgegangen werden, dass sich da ein noch unversorgtes inneres Kind in uns meldet.

Dies beruht auf Ansätzen der Ich-Psychologie und der Objektbeziehungstheorie, die die Erinnerungen mit dem damaligen Lebensalter in Verbindung bringen.

Wir können das belastende Gefühl also besser zuordnen, wenn wir uns fragen, wer oder was in uns sich so fühlt. Wenn wir dann das betreffende innere Kind gefunden haben, kann das erwachsene, beobachtend bleibende, Ich als »Regisseurin« durch die Erzeugung hilfreicher innerer Bilder wie zum Beispiel einen *sicheren Ort* diesen verletzten inneren Anteil dorthin bringen und ihn von Helferinnen dort versorgen lassen.

Auch wenn wir Mitgefühl mit diesem kleinen Kind haben und dieses trösten, sind und bleiben wir die Erwachsene, die das Schlimme von damals anerkennt, das jüngere Ich versorgt und tröstet, aber eben nicht mehr dieses jüngere Ich IST, das heißt, wir *des*identifizieren uns von diesem inneren Kind, lösen also die früher notwendige Identifizierung auf, indem wir in der 3. Person von ihr reden, um ihr zu zeigen, dass wir inzwischen die kompetente Erwachsene sind, die die Kleine symbolisch aus dieser oder jener Situation herausholen kann.

Dies gelingt nur, wenn wir auch die Erwachsene bleiben und nicht mit dem jüngeren, leidenden Anteil verschmelzen, denn das würde der Kleinen oder der jüngeren Erwachsenen nicht helfen.

Diese Übung sowie dazugehörige Übungsanteile mit inneren Helferinnen und inneren Heilerinnen usw. können später von den Gruppenteilnehmerinnen selbstständig zu Hause angewendet werden und dienen damit der eigenständigen Stressregulierung.

Wird eine solche Übung in der Gruppe exemplarisch mit einer Teilnehmerin angewandt, so gehen auch andere Gruppenteilnehmerinnen, soweit sie das wollen, innerlich mit und versorgen auf diese Weise ein eigenes inneres Kind, das sich aktuell meldet. Andere wiederum bleiben einfach energetisch mit dabei und geben danach hilfreiches Feedback.

Bei beiden Vorgehensweisen wird die Beobachterinnenposition gestärkt, die an sich schon eine positive Distanzierungsmethode darstellt, da man sich von traumatischen Triggern nicht mehr überwältigen lässt, sondern sich durch bestimmte Techniken selbstbestimmt davon zu distanzieren lernt.

Dazu gehören zum Beispiel auch Imaginationen wie die, eine Fernbedienung in der Hand zu halten, um die Nähe des Geschehens selbst zu bestimmen oder das Geschehen wie auf einer Leinwand anzuschauen, ebenso, vom Hubschrauber aus sich eine sichere Distanz zum ehemals beängstigenden oder verletzenden Geschehen zu verschaffen. Mit diesen und anderen *Distanzierungsmethoden* (siehe L. Reddemann, 2016) ist eine schrittweise, sichere Annäherung an bislang bedrohliche, unverstandene Gefühle oder Verhaltensweisen möglich.

Auch eine bewusste *Des*identifizierung dient diesem Zweck: Reagiere ich nicht automatisch so, wie ich das von meinem Vater oder meiner Mutter her verinnerlicht habe, sondern stoppe ich mich und sage mir zum Beispiel innerlich, »aha, jetzt spricht wieder er/sie in mir«, dann habe ich die Reiz-Reaktionskette schon unterbrochen und kann mich im nächsten Schritt frei(er) entscheiden, wie genau *ich* jetzt reagieren oder nicht reagieren will. In funktionierenden Gruppen dauert es nicht lange, bis sich die Teilnehmerinnen hier gegenseitig milde stoppen, das Einverständnis der anderen vorausgesetzt. Das ist für viele, die in der Ursprungsfamilie keine gute Geschwisterbeziehung erleben durften, immer wieder eine Nachreifungsmöglichkeit durch gute, geschwisterähnliche Beziehungen oder auch durch eine positive Nachbeelterung.

Das Hilfreiche an diesen und anderen Imaginationsmethoden, die ich in Form von Fantasiereisen schon in der Frauenbewegung kennen- und praktizieren lernte (Rodewald, 1977, u. a.), ist für mich, dass ein »portionsweises« Vorgehen gut möglich und verkraftbar ist.

Die folgende, achtsame Vorgehensweise verdanke ich Luise Reddemann (2016): Ich versorge *ein* inneres Kind, das sich gerade bei mir durch plötzliche, überwältigende Gefühle »meldet«. Melden sich dann gleichzeitig auch noch andere, bringe ich diese in Sicherheit an meinen sicheren, geborgenen Ort und tröste sie, bald auch wieder zu ihnen zu kommen, und lasse sie von guten Helferwesen zwischenzeitlich versorgen. Dann gehe ich zurück zu dem ersten inneren Kind und konzentriere mich ganz auf das jetzt Machbare. Genauso gut kann ich andere, spontan auftauchende »Saboteure« erst einmal in einen Tresor einschließen, um sie später genauer anzuschauen (nach Jochen Peichl, 2013). Auf die Gruppe angewendet, bedeutet das für mich, dass jede von vornherein das portionieren kann, was sie sich gerade zutraut, an »Terror im Kopf« in Ordnung zu bringen, sich also nicht überfordert, doch vor allem eben auch die für Traumatisierte so notwendige Kontrolle behält.

Diese selbstständige Dosierung und Überprüfung von Aktivität ist auch in anderen, von mir angewendeten Methoden möglich: Aus dem Psychodrama und der Gestalttherapie kennen viele die sogenannten Standbilder, in denen mit dem ganzen Körper ein Gefühl oder eine Beziehung zu jemand anderem ausgedrückt wird. Mit dieser Methode können in Gruppen sehr gut Beziehungskonstellationen ausgedrückt und symbolisch verändert werden.

Weiterentwickelt wurde diese Methode in achtsamen Aufstellungen, in denen auch eine Stellvertreterin für sich selbst und eine zweite und mehrere für andere gewählt werden können, um wiederum mit Distanz das Geschehen und mögliche Veränderungen aus anderer Perspektive beleuchten zu können. Achtsam insofern, als dass hier nicht über den Kopf der Teilnehmerin hinweg irgendetwas »dirigiert« wird wie in manchen, zu Recht umstrittenen, Aufstellungs(un)arten, sondern Schritt für Schritt jede Wahlmöglichkeit mit der Teilnehmerin selbst rückgekoppelt und abgestimmt wird.

Zwischenzeitlich tendiere ich zur Aufstellungsform von Sylvia Kéré Wellensiek (2013), die die Teilnehmerinnen zu bestimmten Fragen selbst mit dem ganzen Körper auf eigene Anteile wie »Körper«, »Gefühl«, »Herz« oder »Seele« stehen lässt, um das eigene innere Team zu einer guten Kooperation zu bekommen, denn es nützt ja nichts, wenn zum Beispiel der Herz- oder Seelenanteil eine mehrtägige Höhenwanderung, der Körperanteil im Moment jedoch höchstens einen Spaziergang will. Werden sie nicht alle gesehen und gehört, sabotieren bestimmte Anteile ansonsten die gewünschte Veränderung.

So gewöhnen sich die Teilnehmerinnen auch nach und nach daran, dass die Arbeit an Ambivalenzen eigentlich zum Tagesgeschäft gehört und nicht immer die ersehnte Eindeutigkeit möglich ist. »Zwei Seelen wohnen, ach, in meiner Brust!« benannte dies schon Goethe – wohlwissend, dass dieser Balanceakt eher die Regel als die Ausnahme darstellt.

Warum ist das bei traumatisierten Menschen wichtig?

Das Trauma selbst erscheint oft ewig und zeitlos. Dagegen ist jede Erfahrungsmöglichkeit dessen, dass physisches und psychisches Erleben normalerweise schnell vergänglich, Gefühle also auch »endlich« sind, sehr wertvoll, tröstet diese Vergänglichkeit doch auch immer wieder über schwere Sequenzen hinweg.

Einer meiner geistigen Lehrer, der Psychoanalytiker Leon Wurmser, geht so weit zu sagen, dass »nur das Widersprüchliche selbst wahr« sei. (Vortrag 2011, Lindauer Psychotherapiewochen)

Auch dies kann für Menschen, die erst einmal durch ihre vom Nationalsozialismus geprägten Eltern oder Großeltern ein extrem strenges und gnadenloses Über-Ich »geerbt«, also rigide Normen verinnerlicht haben, entlastend wirken: Gestehen sie sich langsam auch widersprüchliche Gefühle und offene Situationen ohne schnelle Antworten zu, werden sie sich selbst gegenüber milder und im nächsten Schritt dann meist auch anderen Menschen gegenüber.

Die Arbeit in der Gruppe an den früh verinnerlichten, meist extrem strengen, Glaubenssätzen hilft hier, den »inneren Volksgerichtshof« ein Stück weit zugunsten einer toleranteren und milderen Haltung sich selbst gegenüber aufzugeben. Dies geschieht in Form von Ritualen, deren Form wiederum von jeder Teilnehmerin selbst entwickelt und umgesetzt wird: Die einen hängen sich das Gegenteil der elterlicherseits übernommenen Glaubenssätze in Sichtweite übers Bett, andere wiederum verbrennen die »Originale« oder vergraben sie in der Erde.

Auch hier geht es um die Bewusstwerdung in der Gruppe, neue Strukturen neben die alten stellen zu »dürfen«, dieses durch die anderen bezeugen, das heißt auch anerkennen zu lassen, und um das Gefühl, darin gesehen zu werden.

Doch was tun, wenn trotz aller Vorsichtsmaßnahmen eine Teilnehmerin durch einen Trigger in einen *Flashback* ihrer traumatischen Erfahrung hineinrutscht?

Ich selbst habe dies in 38 Jahren Gruppenarbeit zwar noch nie in einer meiner Gruppen erlebt, doch ich trage mit den Teilnehmerinnen immer wieder mögliche »Notfallkoffer« präventiv zusammen, da solche Flashbacks auch im Alltag auftauchen können.

Erinnern wir uns daran, was wir zum Thema Trauma in Kapitel II gelesen haben: Das Trauma selbst bleibt im Stammhirn, dem ältesten Gehirnteil, gespeichert als Erinnerungsspur. Unser Gehirn scannt vorsorglich andauernd unsere Umgebung (Neurorezeption) und will sofort auf ähnliche Reize wie damals reagieren, um solch eine Ohnmacht nicht wieder erleben zu müssen. Der Überlebensreflex meldet sich also erst einmal »ohne Vernunft«.

Hier gilt es, diesen Handlungsreflex, diese Reiz-Reaktionskette zu unterbrechen, um ins Hier und Jetzt zurückzukehren, wo in der Regel keine wirkliche Gefahr mehr herrscht.

Dies kann auf verschiedenen Ebenen passieren: Ich empfehle den Teilnehmerinnen beim präventiv besprochenen »Notfallkoffer«, ganz gleich, wo sie sich gerade befinden, die Augen zu öffnen, den aktuellen Raum wahrzunehmen, in dem sie sich im Moment aufhalten, ihren Namen, das heutige Datum zu erinnern.

Wenn sie gerade mit vertrauten Personen zusammen sind, hilft Blickkontakt, manchmal auch tröstende, beruhigende Worte oder Berührungen der anderen. Das kann man sich auch wünschen: »Nimm mich doch bitte gerade mal in den Arm und sprich mit mir!« Andere wiederum präferieren Bewegungen, Stampfen im Raum, um sich wieder zu erden, Arme schwingen, schnell zu gehen oder Ähnliches.

Das Ansprechen der Sinne zum Beispiel mit Gerüchen wie Zitrusduft oder wohlriechendem Parfüm ist für viele eine andere Möglichkeit, sich zu beruhigen, ebenso, einen Igelball zu drücken und über den Arm zu rollen oder ein Gummiband am Arm zu zwitschen, um durch den körperlichen Reiz wieder leichter in der Gegenwart anzukommen.

Langes, wiederholtes Ausatmen tut gut, das bewusste Essen von Rosinen, Apfel oder etwas anderem, das gerade vorhanden ist, ebenso. Auch extra starke Bonbons sind hierfür geeignet.

Andere wiederum berichten, Zähl- oder Rechenaufgaben zu lösen oder eine Liste zu erstellen, was gerade einzukaufen wäre, würde sie beruhigen und ins (ungefährliche) Hier und Jetzt zurückbringen.

Zusammenfassend lässt sich sagen, dass die Übung, sich immer wieder neu in der Beobachterinnenposition wahrzunehmen, die beste Prävention gegenüber unerwarteten Reiz-Reaktionsketten oder Flashbacks darstellt und – bewusst ausgeführt – auch in den anderen genannten Distanzierungsmethoden mit enthalten ist.

Deshalb möchte ich noch einmal kurz auf den Übungscharakter meiner Angebote in den Gruppen eingehen.

5. Hilfe zur Selbsthilfe

Gehirnforscher wie Meditationslehrerinnen betonen gleichermaßen, wie wichtig das stetige Üben gleichbleibender Lektionen für die Gehirnentwicklung von uns Menschen bis ins hohe Alter hinein ist.

Erst wenn die Übung nicht nur ab und zu je nach Wohlgefallen ausgeführt wird, sondern in konstanter Regelmäßigkeit, wird dieses neue Wissen sozusagen intuitiv auch bei einer Krise abgerufen – neue »Furchen« im Gehirn haben sich gebahnt und die rational orientierten Gehirnteile greifen in der Not darauf zurück.

Von diesem – für mich beruhigenden! – Wissen ausgehend, empfehle ich allen Gruppenteilnehmerinnen, die in der Gruppe erlernten Übungen regelmäßig zu Hause anzuwenden. Dazu können diese für die eigene Geschwindigkeit passend auf ein Diktiergerät gesprochen und abgespielt oder einfach innerlich wiederholt werden. Ich selbst mache manche der Übungen in der Regel zwei Mal die Woche (von vorgenommenen drei Malen …) und fühle so langsam, ähnlich wie bei der Meditation, ein »nach Hause kommen«, auch wenn diese Imaginationen fast jedes Mal anders sind.

Auch in anderen Übungen, regelmäßig ausgeführt, werden Fähigkeiten genutzt, die wir sowieso schon unbewusst den ganzen Tag über anwenden, zum Beispiel, sich selbst zu beobachten. Passiert dies bewusst, hat dies neben dem gewünschten Distanzierungsergebnis auch die Wirkung der schon beschriebenen Wahlfreiheit, die wiederum ein Selbstermächtigungsgefühl beinhaltet.

So kann man in manchen Übungen den Körper, die Gedanken, die derzeitige Befindlichkeit und die Gefühle beobachten lernen und dann sogar noch auf die Metaebene gehen, das heißt, hinter diese Beobachtungen schauen als innere Zeugin.

In manchen Meditationen wird dies »die Stille hinter der Stille suchen« genannt. (Willigis Jäger)

Was sich vielleicht jetzt erst einmal kompliziert anhört, ist in Wirklichkeit ganz einfach durchzuführen: Ganz gleich, auf welcher Ebene man gerade etwas als ein Problem definiert, kann man lernen, dass man eben »mehr« ist als nur diese eine Ebene, mehr als nur dieses eine Problem.

Diese wohltuende Relativierung prägt sich ins Gedächtnis ein, und so wird diese Übung bestenfalls intuitiv abgerufen, wenn es jemandem einmal nicht so gut gehen sollte.

Die achtsame Selbstbeobachtung hat also auch einen großartigen Distanzierungseffekt: Nur *ein* Teil von mir fühlt sich so! Alle anderen Teile sind o. k.!

Nicht zuletzt werden die, die diese Übungen regelmäßig durchführen, mit dem Nebeneffekt belohnt, schon gut funktionierende Anteile von sich mit ganz anderen Augen zu sehen.

6. Traumaverarbeitung durch Resilienzstärkung

Wie schafft es die Katze, sich immer wieder neu auch als Löwin zu fühlen?

Das oft beschworene (und noch nicht gefundene!) Resilienz-»Gen« (für Widerstandskraft) wird wohl eher die Ausnahme bleiben, auch wenn durchaus verschieden starke »Stehaufmenschen« zu beobachten sind.

Viel öfter beginnen Menschen, durch Krisen, durch die sie hindurchgegangen sind, ihre Haltung dem Leben und sich selbst gegenüber zu verändern.

Hierzu zählen auch bewusst verarbeitete traumatische Erfahrungen. Oft fragen sich Menschen, die vom Schicksal wie Edith Eva Egers zutiefst berührt sind: Wie schafft sie das? Was macht Menschen, die über lange Zeit Unmenschliches erlebt haben, so überlebensstark?

In der neueren Definition von Resilienz (lat.: resilire = zurückspringen in die ursprüngliche Form, etwas abprallen lassen) geht es um eine Fähigkeit, aus lebensgeschichtlichen Herausforderungen und Krisen »gestärkt und bereichert hervorzugehen«. (Walsh, 2006, S. 43)

Diese Widerstandskraft, die durch Krisen entstehen kann und als

6. TRAUMAVERARBEITUNG DURCH RESILIENZSTÄRKUNG 123

Bild 3: Resilienz

»Traumatic Growth« (Wachstum durch Trauma) bezeichnet wird – der Begriff wurde schon 1963 vom Holocaust-Überlebenden Viktor Frankl geprägt –, lässt sich auch hirnphysiologisch belegen, da sich Traumanetzwerke mit sogenannten Ressourcennetzwerken verbinden, um Schocksituationen zu verkraften. (Rost, 2012, S. 56)

Für diese Widerstandsressource (Antonovsky, 1997) bringen wir Menschen, wie wir in Teil II gesehen haben, sicherlich unterschiedliche »bordeigene« Mittel mit.

Und doch sagen 90 Prozent der traumatisierten Menschen, die von R. G. Tedeschi und seinem Team 1995 befragt wurden, aus, dass sie mindestens einen von fünf Bereichen nach ihrer Verarbeitung des traumatischen Erlebens sehr viel mehr wertschätzten, und zwar entweder ihren Blick auf das Leben, auf ihre Beziehungen, auf ihre Stärken, Möglichkeiten oder auf ihre spirituelle Bewusstheit.

Auch andere Untersuchungen wie zum Beispiel die von George Bonanno (2016, S. 31) sprechen von 60 bis 80 Prozent der Befragten, deren Grundannahmen über das Leben sich durch ein verarbeitetes Trauma Richtung mehr Zufriedenheit und Klarheit dessen, was sie wirklich im Leben wirklich wollen, verändert hatten.

Auch viele meiner Gruppenteilnehmerinnen sprechen immer wieder darüber, durch die Bewusstwerdung der »Schattenanteile« (C. G. Jung) ihres Lebens die lichtvollen Seiten, das »halb volle Glas« (statt des halb leeren) mehr wertzuschätzen.

Führt dies dann noch in Einzelfällen zu einer (nicht immer möglichen und auch nicht immer angesagten!) Vergebung den Tätern gegenüber bzw. deren Nachfahren, ist eine ganz neue, heilsame Kreativität zu bemerken: So entdeckte eine von den Russen aus der Heimat vertriebene Gruppenteilnehmerin ihre tiefe Liebe zur russischen Musik, Poesie und Melancholie – und unterrichtet mit großer Freude und Schöpferkraft seit Langem die russische Sprache.

Diese »posttraumatische Reifung« (Maercker, 2013) soll beileibe keine Rechtfertigung von Leid sein nach dem Motto, was mich nicht umbringt, macht mich stark.

Doch wir wissen heute auch von vielen anderen Nachkriegskindern und -enkeln, dass die Erschütterung über die kollektiven

Gräueltaten ihrer Ahnen und deren Traumaweitergabe an sie eine lebenslange »konstruktive Rolle« (Huber II, 2012, S. 35) spielt, führt doch die daraus erwachsene »Stopp-&-Grow-Haltung« (Meyer-Legrand, 2016) der meisten von ihnen zu einer bewussteren und tieferen Neuorientierung, wie sie selbst leben wollen.

Diese neue Haltung bedarf der Anerkennung des Geschehen in einer erfahrbaren, haltenden Unterstützung wie zum Beispiel der einer Gruppe. Sichere Bindungen und stabile soziale Beziehungen können nachgeholt werden. Dann kann neues Vertrauen entstehen, dass aktuelle Herausforderungen sinnvoll und zu schaffen sein können, einer der protektiven Faktoren, die von Forscherinnen wie Emmy Werner (1999) und anderen als resilienzbildend beschrieben werden. Ich selbst habe auf einer meiner Fortbildungen den Begriff »*nachwachsender* Rohstoff Resilienz« geprägt, da dieses lebenslange Lernen bis zu unserem letzten Atemzug weitergeht – das wissen wir dank der Gehirnforschung!

So werden Traumafolgesymptome auch als Selbstheilungsversuche positiv umdefiniert, mit denen der Körper versucht, resilient mit dem Geschehen fertig zu werden, bis die seelische Verarbeitung ihn hierbei unterstützt. Selbsterfahrung und Psychotherapie helfen dabei der »seelischen Wundheilung« nachhaltig. (Eric Kandel)

Heute können wir gemeinsam einen inneren Ausgleich erschaffen, der es uns ermöglicht, eine Balance zu dem Schrecklichen herzustellen. Viele Gruppenteilnehmerinnen erzählen voller Dankbarkeit, dass sie nun den zermürbenden inneren Kampf gegen die Vergangenheit aufgeben, die Dinge einfach annehmen, so sein lassen können, wie sie waren. Auch das Schreckliche hat zu ihrem ganzheitlichen Wachstum beigetragen, ohne damit die Vernachlässigungen und die Gewalt im Geringsten zu rechtfertigen.

Was hilft außerdem dabei, mehr und mehr in der Gegenwart anzukommen?

Die im Körper verwurzelte Fürsorge wurde in den vorigen Kapiteln schon angesprochen, wo es um eine nicht bewertende, leistungsfreie Körperwahrnehmung ging, wie es zum Beispiel die

Bild 4: »Behaust – Unbehaust II« von Sophie Brandes

Breema-Methode, die Pari Schneider unterrichtet, gewährleistet. (Schneider, 2018)

Auf der Biennale (Venedig 2001) wurde mit dem Motto »der Mensch als Haus« der Körper des Menschen zur Metapher des eigenen Selbst: Die äußere Hülle kann identitätsbildend wirken und das Gefühl für innere Heimat stärken.

Der Raum des Inneren wird dann zunehmend wieder als heilig, als Eigenes erlebt, dessen innerster Kern unverletzbar ist und der mit dem Atem natürliche, schützende Grenzen erlebbar macht.

Das Be-haust-Sein im Körper weist zudem auf die ursprüngliche Behausung und das Wachstum in der Gebärmutter hin, das nun selbstverantwortlich fortgesetzt wird.

Die Schaffung eines geborgenen Zuhauses ist im Inneren wie auch im Außen von großer Bedeutung für die Resilienzentwicklung. Davon kann ich als jemand, die gerade ihr drittes Haus renoviert und ihren dritten Garten angelegt hat, ein schönes Lied singen …

Ein Zugehörigkeitsgefühl kann wieder wachsen, davon spricht auch der Schriftsteller Kenneth Grahame: »… es war gut, dass er dies hatte, wohin er zurückkehren konnte, diesen Ort, der ganz ihm gehörte, diese Sachen, die so froh waren, ihn wieder zu sehen, und bei denen er sich immer auf dasselbe schlichte Willkommen verlassen konnte.« (2004)

Auch das Selbst-Erleben in der Natur birgt eine Nachreifungschance, da viele Menschen sich hier verbunden fühlen mit etwas Größerem und durch den Spiegel der erlebten Schönheit und Bewegungserfahrung diese eine wunderbare Welt schützen wollen für sich selbst, für die Nachfahren und um ihrer selbst willen.

Was macht Sie stark?

Was machen Sie gerne?

Fragen wie diese in den Gruppen bringen die vielfältigsten Ressourcen hervor, die »ansteckend« wirken können: Vom Gärtnern über Musik hören, schreiben, malen, ein Fußbad nehmen oder einfach Herumalbern mit der Lieblingsfreundin, werden hier verschiedenste, erprobte Möglichkeiten genannt, wie auch mal nichts tun und die Leere genießen können.

Andere Gruppenteilnehmerinnen haben hier durchaus eine Vorbildfunktion, da sie manch andere an schlummernde Ressourcen, die eigentlich mal wieder abgerufen werden könnten, erinnern.

Für die drei Generationen, die hier im Mittelpunkt stehen, scheint ein Resilienzfaktor von besonders wichtiger Bedeutung zu sein, nämlich, sich guten Gewissens auch mal helfen lassen zu dürfen!

Das ist noch nicht lange etwas selbstverständlicher geworden, habe ich doch noch als Nachkriegskind meinen Vater nur ein einziges Mal weinend erlebt, als sein bester Freund, ein Kriegskamerad, sich in seiner Nachkriegsdepression nicht anders zu helfen wusste, als sich das Leben zu nehmen. »Wir haben nicht gelernt, uns helfen zu lassen«, war das unauflösbare Fazit meines Vaters, eines Kriegsteilnehmers.

Nur eine Generation später sieht es seine Tochter als ihren größten Lebensgewinn an, durch ihre lange, tiefenpsychologisch orientierte Psychotherapie bei einem zuverlässigen, warmherzigen und toleranten Psychoanalytiker der »neueren« Generation erlebt haben zu dürfen, dass einem nachhaltig geholfen werden kann – wenn man es zulässt!

Diese adäquate Hilfe ist also nicht immer nur durch Selbsthilfe und Selbsterfahrung, ob einzeln oder in der Gruppe, möglich. So ist es auch manchmal meine Aufgabe als Gruppenleitung, Brücken zu bauen zu nächsten, anstehenden Schritten und diese Brücken auch selbst authentisch zu verkörpern.

7. Die Grenzen einer Selbsterfahrungsgruppe und Wegweiser in eine (Trauma-)Therapie

Zunehmend wird der Wert von stabilisierenden, angeleiteten Gruppenangeboten auch von Psychotherapeutinnen anerkannt, können die Teilnehmerinnen hier doch neben dem Erlernen eigener Fertigkeiten auch selbstbestimmt und auf Augenhöhe Verbindungen zu Gleichgesinnten aufbauen.

Das Anknüpfen an schon bekannten Ressourcen fördert, wie schon beschrieben, die Selbstwirksamkeit und damit auch das Selbstbewusstsein.

Viele Methoden wie zum Beispiel die der Selbstbeobachtungen, die stabilisierenden Imaginationsübungen oder die Selbstberuhigungsmethoden können in der Gruppe eingeübt und selbstständig angewendet werden.

Die »Facilitator-Rolle« als Gruppenleiterin verhindert oftmals die Nachteile der therapeutischen Übertragungsbeziehung und grenzt so eine unnötige Regression ein.

Wir haben zudem in Teil II erfahren, dass eine der Auswirkungen traumatischer Erfahrung oftmals die Erstarrung ist. Finden Menschen in weitgehend selbstbestimmten Gruppen wieder in alle möglichen Arten innerer und äußerer Beweglichkeit hinein, hat dies sicherlich selbstregulative Auswirkungen. Nicht umsonst fahre ich selbst nach dem Miterleben meiner Gruppen fast immer singend und fröhlich nach Hause.

Von einigen wenigen Kriegskindern, Nachkriegskindern und Kriegsenkeln jedoch haben wir in Teil I gelesen, dass sie mir in der Gegenübertragung das Gefühl gaben, eigentlich etwas anderes als diese Art von Gruppe zu benötigen: Da war Rainer mit seinem Bedürfnis, in einer sicheren Beziehung zu einem väterlichen Therapeuten der gnadenlosen Beziehung seines Vater zu ihm etwas Heilsames entgegenzusetzen. Soweit ich das von dem älteren Kollegen wissen darf, den ich ihm empfohlen hatte, ist dies Rainer durch den verlässlichen Aufbau einer langjährigen therapeutischen Beziehung geglückt.

Manche brauchen also ein intensiveres Einzelsetting, manchmal auch andere Personen mit neuen Übertragungsmöglichkeiten und anderen Angeboten, mehr Zeit.

Michelle hatte sich aus verschiedensten Gründen so verausgabt und mit schweren Somatisierungen reagiert, dass sie sich für einen Aufenthalt in einer Psychosomatischen Klinik während ihres Burnouts entschieden hatte. Dies gab ihr so viel Stabilität, dass ihr danach eine – unsere – Gruppe empfohlen wurde.

So kann, zumindest für die Phase der Ich-Stärkung und der sozialen Einbindung, vor und auch nach einer ambulanten oder stationären Psychotherapie eine geleitete Gruppenerfahrung heilsam sein. Wichtig ist hier allerdings, Folgendes zu beachten:

Hier muss – anders als in Selbsthilfegruppen, wo dies oftmals leider nicht beachtet wird – durch die Gruppenleitung gut zur »Dosierung« von erzähltem, belastendem Material angeregt und notfalls auch dieses Erzählen gestoppt werden, um die Triggerwirkung von solchem Material zu vermeiden. Natürlich wollen viele einfach viel erzählen im Sinne des Loswerden-Wollens des Belastenden, doch es ist bekannt aus den Erzählcafés, dass es danach gerade den schwer traumatisierten Kriegskindern, die sich noch nicht (so viel) mit Distanzierungsmethoden beschäftigt hatten, zum Teil schlecht(er) ging. – Diese Einsicht verdanke ich der PITT-Weiterbildung 2017/2018 bei Luise Reddemann.

Dies betrifft auch Sonja aus einer meiner Gruppen, der ich immer wieder anrate, nur kleine Portionen aus ihrer Vertreibungsgeschichte in der Gruppe zu erzählen, um nicht selbst in einen Flashback hineinzurutschen. Durch ihre, von Ärzten diagnostizierte *Komplexe Posttraumatische Belastungsstörung* habe ich ihr schon öfter unter vier Augen eine Traumatherapie angeraten, doch sie möchte »nur« bei der in der Gruppe erlebten Stabilisierung bleiben. Auch das ist zu respektieren!

Außerdem ist sogar schon in der Selbsterfahrungsgruppe zu beobachten, dass sie den Kampf gegen sich selbst und ihre Symptome (»Das muss doch alles wegzubekommen sein!«) zunehmend aufgibt zugunsten eines besseren Verständnisses für ihren Körper und der Erkenntnis, dass MIT vielem gelebt werden muss, ohne es willentlich ändern zu können.

Das verblüffende Resultat für alle in der Gruppe war dann, dass manche ihrer Symptome beim Prozess des Annehmens zunehmend verschwanden und sie sich mehr und mehr ihren kreativen Verarbeitungsmöglichkeiten zuwenden konnte.

Festzuhalten ist hier für mich, dass überall – in Selbsterfahrungsgruppen wie in ärztlichem und psychologischem Kontext – der Wunsch der Klientin an erster Stelle steht, Grenzfälle wie die der

Selbst- oder Fremdgefährdung ausgenommen, die als Notfälle immer der ärztlichen Obhut unterstehen.

Zu beachten ist jedoch für alle anderen Klientinnen, dass jede die bestmögliche Aufklärung – auch über Alternativen! – erhält, sodass sie sich selbst wirklich frei entscheiden kann.

Und, wie schon mehrfach beschrieben, ist in der geleiteten Gruppe auf einen »gesunden« Wechsel von Bewusstwerdung der eigenen Ressourcen und Resilienzkräfte und einer sehr maßvollen Problemorientierung zu achten. Dazu gehört auch immer wieder das Bewusstwerden von Dankbarkeit, auch schon in so kleinen Übungen wie »Was habe ich heute schon erlebt, wofür ich dankbar bin?«.

Nicht zuletzt lehrt mich meine humanistische Grundhaltung, dass wir als »gleiche« Menschen voreinander stehen. Ich kann nur das authentisch vertreten, was ich selbst für mich gewählt und durchlebt habe: So wissen alle in meiner Gruppe, dass ich mich früher – parallel zu meinen psychotherapeutischen Ausbildungen – für eine tiefenpsychologisch orientierte Psychotherapie entschieden hatte, um mir mein letztes Lebensdrittel leichter und schöner und vor allem mit der Möglichkeit zu liebevollen Beziehungen zu gestalten.

Das heißt keineswegs, dass alle Gruppenteilnehmerinnen mich imitieren sollen! Doch, um mit der von mir hochgeschätzten Edith Eva Eger zu sprechen, um die Gegenwart ein paar Freiheitsgrade mehr freizuschaufeln:

»Der einzige Ort, an dem wir unsere Freiheit der Wahl ausüben können, ist in der Gegenwart.« (Eger, 2017, S. 304)

Ihr Buch hat übrigens im Amerikanischen den wunderbar Mut machenden Titel: »The Choice: *Embrace the possible.*«

Zu dieser Wahlfreiheit benötigen manche Menschen erst einmal eine Brücke, auf der sie zur nächsten möglichen Station geleitet werden, denn manche sind körperlich und seelisch den Leidensweg so weit und so tief gegangen, dass ich ihnen anrate, sich ambulante oder stationäre psychotherapeutische Unterstützung zu gönnen. Nur für sich, ohne Gruppe.

KAPITEL IV

Was hat sich für diese drei Generationen bisher verändert?

1. Gewaltfreie Kommunikation und neue Sensibilität

Was wir in den Teilen I bis III dieses Buches von allen Generationen immer wieder gehört haben, ist ihr jeweils unterschiedliches Leiden an der unhinterfragten Opfer- und Tätergeschichte ihrer Eltern.

Angstfrei und selbstverständlich Fragen stellen zu können, ohne Bestrafung bis hin zu Liebesentzug erwarten zu müssen, scheint mir vor dem Hintergrund dieser mehrgenerationalen »Loyalität«, die Eltern mit den eigenen Fragen zu (ver-)schonen, ein wesentlicher Wegweiser in eine neue Gesellschaft hinein zu sein.

Die entsprechend unterschiedlichen Antworten – auch die ausbleibenden! – dann auch annehmen und verkraften zu können, ist die Konsequenz aus dieser einschneidenden Neuerung. Dazu verhilft die Selbsterfahrung.

Doch geht es nicht nur um familiäre Aufarbeitung von individuellen Gefühlserbschaften, sondern auch um eine Auseinandersetzung mit der überpersönlichen Geschichte und Realität, in der die Eltern und Großeltern lebten.

Dieses *kollektive Unbewusste* kann nach Aleida Assmann »dialogisch erinnert« werden, indem erzählte Geschichte, persönliches Gedächtnis und methodisch aufgearbeitete Geschichte zusammengebracht werden. (Assmann, 2017)

Als eines der Kriegskinder, Jahre bevor sie in eine meiner Gruppen kam, in einer süddeutschen Kleinstadt ein Plakat sah, dass Kriegskinder sich treffen, brach sie in befreiende Tränen aus, fühlte sie sich doch zum ersten Mal auch öffentlich in ihrem schweren Schicksal angesprochen und gesehen im weitesten Sinne.

So muss auf dem Wege einer gesellschaftlich weiterhin geforderten Erinnerungskultur dieses Kriegskinderschicksal lebendig erhalten werden und damit auch die Mahnung, unsere, seit 74 Jahren kriegsfreie, Zeit in Deutschland zu erhalten, demokratische Rechte weiterhin zu verteidigen und dafür auch politisch einzutreten.

Gerade weil aktuell schon wieder unbelehrbare politische Kräfte dieses schwerste deutsche Kapitel als »Vogelschiss« der Geschichte abtun wollen und damit völlig den Respekt und das Mitgefühl vermissen lassen, das all die Millionen Opfer dieser Zeit verdienen, muss das geschichtliche Verständnis, das auch an diese schlimmsten Schattenseiten des Menschseins erinnert, in Schulen, Hochschulen und möglichst auch an Stammtischen weiterhin gefördert und angemahnt werden.

Diesen persönlichen wie auch politischen Diskurs dürfen wir nicht den neuen Rechten überlassen! Davon mehr in IV. 3., wo es um neue, gemeinsame Aktionsformen der drei Generationen geht.

Welche persönlichen Qualitäten brauchen wir, um diesen neuen Diskurs nicht nach dem alttestamentarischen Motto »Auge um Auge, Zahn um Zahn« zu führen, und auch nicht in Imitation unserer, zum Teil gewalttätig gebliebenen, Kriegsväter?

Lassen Sie mich dies an einem von vielen, möglichen Beispielen, nämlich der Entwicklung hin zur *Gewaltfreien Kommunikation* nach Marshall B. Rosenberg, erläutern:

Viele von uns Nachkriegskindern und Kriegsenkeln sind mit Paul Watzlawicks Kommunikationsmodell (1969), man könne »nicht nicht kommunizieren«, vertraut, das uns die »Aussagekraft« des elterlichen Schweigens noch einmal bestätigte.

In Ingmar Bergmanns Film »Szenen einer Ehe« mit der symmetrischen Eskalation des Ehepaares erkannten wir die symbiotisch-abhängigen Beziehungsmuster vieler unserer Eltern wieder.

SO wollten wir nie werden, ahnten wir tief im Inneren, doch noch wussten wir nicht, wie wir unsere nahen Beziehungen anders leben könnten.

Als 1983 Watzlawicks »Anleitung zum Unglücklichsein« erschien, waren viele von uns sehr betroffen, sahen wir doch darin in den Spiegel unserer Gebundenheit an das größtenteils elterliche (!) Leid. Hatten wir uns damals schon die Erlaubnis zum (auch) Glücklichsein gegeben? Ich glaube nicht, eher lachten wir verlegen über das Sprichwort, »nichts ist schwerer zu ertragen als eine Reihe von guten Tagen«.

Erst dreißig Jahre später konnte ich das Mantra meines Yoga- und Aufstellungslehrers G. Dietrich Weth verstehen, »ich nehme das Leben, *auch* wenn es leicht ist«, das ich heute an manche meiner Gruppenteilnehmerinnen weitergebe.

Was lag dazwischen?

Das Kommunikationsmodell Friedemann Schulz von Thuns, das auf Watzlawick folgte, schien ein akzeptabler Zwischenschritt zu sein, Kommunikationshindernisse zu verstehen und ausräumen zu können: Mit der Sachebene (welche Information wird vermittelt?), der Selbstkundgabe (in welcher Stimmung befinde ich mich?), der Beziehungsweise (welche Gestik und Mimik setze ich ein?) und dem Appellaspekt (was möchte ich mit dieser Nachricht beim anderen erreichen?) waren schon einmal Ich-Botschaften benannt, die eine gewisse Introspektionsbereitschaft und -fähigkeit schulten. (Schulz von Thun, 1981)

Dieses »Vier-Ohren-Modell« blieb jedoch zu stark auf der rationalen Ebene stehen. Gerade der irrationale Anteil, der oft zu Gewaltausbrüchen führen kann, wenn keine Distanzierungsmethoden gelernt werden, war hier meiner Meinung nach nicht genügend berücksichtigt.

Hier setzt dann der sehr beeindruckende Ansatz von Marshall B. Rosenberg an, der darauf abzielt, sich auch und gerade in Konfliktsituationen so verhalten zu können, dass man respektvoll und damit auch gewaltfrei der oder dem anderen gegenüber bleiben kann.

Bei dieser Methode lernen wir – ähnlich wie bei den Imaginationen – erst einmal, uns selbst besser zu beobachten: »Wie geht es *mir* in einer bestimmten Situation?«, steht hierbei an erster Stelle, da gerade wir Frauen noch oft so sozialisiert sind, immer zuerst nach der anderen zu schauen.

Erst im zweiten Schritt frage ich mich dann, wie es der anderen in dieser Situation geht.

Eigene Gefühle werden dann direkt und ohne Vorwürfe oder Unterstellungen in Ich-Botschaften ausgedrückt. Hierbei wird die Verantwortung übernommen für diese Gefühle, auch wenn sie von der anderen nicht geteilt oder erwidert werden können. Es ist für MICH wichtig, diese auszudrücken, ich mache mich nicht von einer Reaktion der anderen abhängig.

Stehen wir Menschen bis hierher schon einmal zu uns und verbinden uns auf diese Weise wirklich mit unseren Gefühlen, ist ein »Ausrasten« nicht mehr so leicht möglich oder »erforderlich«, da es nicht mehr um ein Durchsetzen der eigenen Bedürfnisse geht.

Im Gegenteil hierzu werden im dritten Schritt nicht nur die eigenen Bedürfnisse oder Wünsche in dieser Situation ausgedrückt, sondern auch der anderen möglichst mitfühlend zugehört.

Auch wenn diese auf die im vierten Schritt folgenden eigenen Bitten nicht eingehen kann, habe ich es mir zugestanden, diese auszudrücken, also zu mir zu stehen.

»Wir selbst sind es, deren innere Haltung darüber entscheidet, wie oder was wir fühlen.« (Páztor & Gens, 2011, S. 16)

Wenn ich meine Gefühle und Bedürfnisse selbstverantwortlich zu mir nehme, bin ich auch nicht mehr (so schnell) ent-täuschbar, wenn die andere die Erfüllung meiner Bedürfnisse momentan nicht mitleben will oder kann: Auch hier geht es also zuerst um ein Annehmen der eigenen Bedürftigkeit, um ein »zu sich stehen«, was unabhängig macht und der Erwachsenenposition entspricht, anders als ein Kleinkind mehr Wahlmöglichkeiten zu besitzen zur Bedürfnisbefriedigung. Dabei ist es wichtig, die andere nicht zu analysieren, sondern mit Respekt die mögliche Unterschiedlichkeit zu achten. Das ist sicherlich nicht immer so leicht möglich, wenn Bedürfnisse und Wünsche zwischen den Polen Autonomie- sowie Sicherheits- bzw. Geborgenheitswünschen angesprochen werden, da hier die Bedürftigkeit am größten ist.

Doch wenn ich wirklich Veränderungen in den alten Mustern erreichen möchte, bin und bleibe ich die Erwachsene, die jetzt – anders als früher – entweder sich selbst »eine gute Mutter« sein kann oder eben auch andere Menschen kennt, die sie fragen kann.

Das schließt nicht aus, dass es traurig und bedauernswert sein kann, wenn der Lieblingsmensch gerade jetzt nicht »zur Verfügung« steht, denn wir haben ja im II. Teil beim Aufbau der Bindungsfähigkeit gehört, dass jede nahe Beziehung das Bindungssystem anwerfen lässt, und das ist auch gut so!

Diese Traurigkeit kann dann bei einem Nein oder einem Ich-weiß-nicht der anderen auch ehrlich und klar, ohne Vorwurf oder Wut, ausgedrückt werden, ohne dass deshalb auf die Berechtigung des eigenen Wunsches verzichtet werden muss.

Dieses, hier nur verkürzt darstellbare und sicherlich auch idealtypische, Modell soll eine neue Grundhaltung symbolisieren, die ein Leben lang geübt werden kann.

Doch deren Grundbausteine wie Achtsamkeit, Offenheit, Klarheit, Mitgefühl und Verantwortungsübernahme sind nicht nur individuell wirksame Aspekte eines mehr friedlichen Miteinanders, sondern werden auch im öffentlichen Umgang miteinander gebraucht, wie das nächste Kapitel zeigt.

2. Wertewandel im gesellschaftlichen Spannungsfeld – veränderte Sozialisation

Leider bleiben auch nach 1945 die autoritären Charakterstrukturen, die den deutschen Faschismus erst mitermöglicht haben, gesellschaftlich in ihrem Kern unangetastet, sodass auch die Ursachen für die Fremdenfeindlichkeit, wie wir sehen werden, nicht an der Wurzel gepackt wurden.

Betrachtet man die geringe gesellschaftliche Werteveränderung für die Kriegskinder und ihre Nachkommen seit Ende des Zweiten Weltkrieges trotzdem etwas genauer, so fällt ein zunehmendes Spannungsverhältnis auf:

Einerseits begann mit dem Wiederaufbau und der Realwirtschaft ein Stück weit eine formale Demokratisierungsmöglichkeit, die sich bis zu den 70er-Jahren mit der radikalsten Einhegung von Macht, die Deutschland als Konsequenz aus der nationalsozialistischen Diktatur jemals kannte, belegen lässt:

Die Bindung aller, Starker wie Schwacher gleichermaßen, an dasselbe Recht sowie die Gewaltenteilung gewährleistete eine noch nie gekannte Chance zur Demokratisierung: Gleichheit und politische Mitbestimmung räumten den Weg frei zur Emanzipation der Frauen.

Durch die damalige Steuerpolitik wurde eine gewisse Umverteilung von oben nach unten garantiert, sodass sich viele am wirtschaftlichen Aufschwung beteiligen konnten.

Andererseits warnte schon 1967 das Ehepaar Mitscherlich davor, dass mit der mangelnden Einfühlung, die weiterhin vorherrschte, noch keine dauerhafte »Kultureignung« der Deutschen garantiert sei. Die Einstellungen der Nachkriegskinder, die von den Mitscherlichs in einer Langzeitstudie erforscht wurden, zeigten eine »labile Fixierung auf die diffusen Werte der Kriegskindergeneration«. (Mitscherlich, 1967, S. 87 ff.)

Allerdings war im Zusammenhang mit zunehmendem materiellen Wohlstand auch ein wachsendes Gemeinschaftsgefühl zu spüren – man baute zusammen an seinen Häusern, genoss das neue Vereinsleben, das sich wie andere Freizeitvergnügungen ausweitete.

Diese Solidarisierung blieb jedoch meistens bei vertrauten Nachbarn, Verwandten und Freunden stehen; und die Millionen »Zugereisten« aus dem Osten wie auch die italienischen »Gastarbeiter« blieben davon weitgehend ausgeschlossen.

Eine wirkliche Entnazifizierung der breiten Bevölkerungsschichten fand nicht statt, in den Schlüsselpositionen von Wirtschaft, Recht und Politik schon gar nicht, wie es Ursula Krechel im Roman »Landgericht« für den Justizbereich exemplarisch aufzeigte.

Erst die Studentenbewegung Ende der 60er-Jahre konfrontierte viele dieser »Nach-vorne-Schauer« mit ihrer verschwiegenen Vergangenheit und rüttelte an den Grundfesten väterlicher (und mütterlicher) Verdrängungsmauern.

Für unser Thema ist entscheidend, dass für die ersten 25 Jahre nach Kriegsende in Untersuchungen erst langsam eine minimale Emanzipation von Autoritäten festgestellt wurde: So spricht der Soziologe und Verwaltungswissenschaftler Professor Helmut Klages 1995 von einem gewissen Rückgang von Gehorsam und Unterordnung bei gleichbleibenden Werten wie Ordnungsliebe und Fleiß. (Klages, 1995)

In den Schulen wurde (leider nur zum Teil!) etwa ab Ende der 70er-Jahre über die Enteignung, Verfolgung und systematische Ermordung von Millionen Juden und die Leiden der Zivilbevölkerung in den östlichen Ländern durch viele Deutsche informiert. Hier entstanden dann die in Teil I und II beschriebenen Konflikte der Nachkriegskinder mit ihren Eltern und Großeltern, die sich meist den Nachfragen ihrer Kinder und Enkel über eine mögliche Beteiligung verweigerten – aus Selbstschutz wie auch, um ihre Kinder zu schonen vor zum Teil furchtbaren Wahrheiten.

Die erste Nachkriegsgeneration, der auch ich angehöre, versuchte, ihr Wiedergutmachungsbedürfnis mit Kibbuzarbeit in Israel oder mit dem Kampf gegen die Wiederaufrüstung Deutschlands und der wieder einsetzenden Militarisierung Deutschlands im Rahmen des neu entstehenden Kalten Krieges zu stillen.

Andere wiederum entzogen sich den Zwängen der noch immer sehr autoritär strukturierten Gesellschaft und des extrem leistungsfixierten Kapitalismus, bildeten Landkommunen in aller Welt und erzogen ihre Kinder antiautoritär in neu entstehenden »Kinderläden«.

Das bestenfalls Nebeneinander-Existieren von alten und neuen Werten findet sich auch im Bereich der Sozialisation quer durch alle Bevölkerungsschichten wieder:

Einerseits ist ein Paradigmenwechsel vom Recht der Eltern hin zum Recht der Kinder zu beobachten, der sicherlich auch der Studentenbewegung mit zu verdanken ist. Diese Neuorientierung fand ihren rechtlichen Niederschlag 1989 in der UN-Kinderrechtskonvention und im Jahr 2000 im Bürgerlichen Gesetzbuch mit dem Recht der Kinder und Jugendlichen auf freie, vor allem auch gewaltfreie Erziehung.

In Wirklichkeit war jedoch bis weit in die Nachkriegszeit hinein die bekannte Schwarze Pädagogik mit Schlägen, Rohrstock und Arrest noch eine gesellschaftlich weitgehend akzeptierte Praxis. 1992 gaben 41 % der damaligen Kinder an, mit bzw. »trotz« (Stock-)Schlägen groß geworden zu sein.

Während sich also einerseits der Krieg in den privaten Räumen, in Kindergärten und Schulen zum Teil fortsetzte, schafften es andererseits viele Kinder und Jugendliche, begünstigt durch die Berufstätigkeit beider Elternteile, mehr und mehr im freien Umfeld von brachliegenden Ruinen und in der noch wenig begrenzten Natur der Entwicklung von Neugier, Bewegungslust und Kreativität ihren Raum zu schaffen.

Wie im Film »Der Junge muss an die frische Luft« gut zu sehen ist, waren die 70er-Jahre und später für viele Kinder auch wieder freiere Jahre mit Naturerleben, einfachem Camping, Leben mit Tieren, mit viel Körperlichkeit und guten Alternativen wie den Omas und Opas und anderen Verwandten, die oftmals einen heilsamen Ausgleich verkörperten zu den innerlich wie äußerlich abwesenden Eltern.

»Wir blieben den ganzen Tag weg und mussten erst zu Hause sein, wenn die Straßenlaternen angingen. Niemand wusste, wo wir waren, und wir hatten nicht mal ein Handy dabei! (…) Wir hatten nicht: Playstation, Nintendo 64, X-Box, Videospiele, 64 Fernsehkanäle, Filme auf Video, Surround-Sound, eigene Fernseher, Computer, Internet-Chatrooms. Wir hatten Freunde!« (Wir waren Helden – geboren vor 1965, private Mitteilung)

Zum Teil schafften es aufgeklärte Teile der deutschen Bevölkerung ab Ende der 70er-Jahre, vielleicht unterstützt durch etwas mehr materiellen Wohlstand und Sicherheit als Basis, zum Teil auch durch neu eingeführte »Familienkonferenzen«, zu Hause etwas mehr »die Zügel lockerer« zu lassen und den Befehlshaushalt zugunsten eines mehr partnerschaftlichen Verhandlungshaushaltes zu verändern, natürlich mit fließenden Übergängen bei verschiedenen Jahrgängen und Schichten: Den Kindern wird mehr erklärt, es wird überhaupt mehr miteinander gesprochen, Gebote werden verhandelt, Rechte und Pflichten ausdiskutiert – es wird Demokratie gelernt und geübt.

Willy Brandt mit seinem »mehr Demokratie wagen« ist hierfür ein schönes gesellschaftliches Pendant dieser Zeit.

Doch auch dieser Wertewandel hatte und hat bis heute seine Schattenseiten:

Die Eltern, die sich selbst in ihrer Kindheit ein Minimum an Mitbestimmung gewünscht hätten, stülpten oft schon kleinen Kindern mit ihrem zu frühen »Was willst *du*?« die Verantwortung und viel zu viel Auswahlmöglichkeiten über in einem Alter, in dem sich die Kleinen vor allem nach Geborgenheit und Sicherheit durch die Eltern sehnen.

Gerade kleine Kinder aber sind mit dieser viel zu frühen »Wahlfreiheit« völlig überfordert und können in einem bestimmten Alter nur auf die Erwachsenen *r*eagieren, nicht selbst agieren, sodass sie, die Wünsche ihrer Eltern erspürend, doch wieder zur Anpassung an diese tendierten.

Wenn ich als Kind durch meine berufstätige Mutter vor der Notwendigkeit stand, mittags für meinen kleinen Bruder und mich etwas zu kochen und für ihn zu sorgen, dann fühlte ich mich nicht frei, sondern überfordert!

So, wie es zu gewissen Zeiten in der Psychotherapieforschung die Verabsolutierung des Zieles zur Autonomieentwicklung gab, waren und sind auch viele Eltern verunsichert, denn sie wollen ja alles anders machen als ihre Eltern und die eigenen Kinder ja nicht zu blindem Gehorsam erziehen!

Doch fehlt dieser Oppositionshaltung – die im Übrigen leider oft auch eine bequeme elterliche Entlastung und Verantwortungsabgabe darstellt! – eine klare Linie für kindliche Identifikationsbedürfnisse nach dem Motto, »da geht's lang!«, inklusive sicherlich auch möglicher Alternativen.

Charlotte Schönfeldt, eine Kinder- und Jugendlichen-Therapeutin, sorgt sich deshalb: »Wird der altersgemäße Symbolhunger mit Medien ›abgefüllt‹, oder bemühen sich die Eltern, ihren Kindern lebendige Natur- und Erlebniserfahrungen zu vermitteln? Wie viel Kraft und Zeit haben sie noch neben ihrem Existenzkampf?« (Schönfeldt, in Janus, 2006, S. 242)

Das schlechte Gewissen mancher Eltern ob ihrer – durch die doppelte Berufstätigkeit mehr oder weniger automatischen – Vernachlässigung der Kinder und Jugendlichen wird dann durch Materielles versucht zu kompensieren.

Der Begriff der »Wohlstandsverwahrlosung« schon zu Beginn der Kohl-Ära in den 80er-Jahren drückt dies aus.

Den neuen, gesellschaftlichen Antagonismus zwischen materiellen und postmateriellen Werten ab der späten Nachkriegszeit nennt Professor R. Inglehart eine »stille Revolution«: Viele Menschen wenden sich durch die inzwischen wieder relativ sichere materielle Basis Werten wie Menschlichkeit, Kreativität und Selbstverwirklichung zu. Damit verbunden sei auch wieder eine verstärkte Suche nach Zugehörigkeit und deren Suche in gesellschaftlichem Engagement. (Inglehart, 1997)

Auf der anderen Seite fordern die undurchschaubare Globalisierung der Weltwirtschaft sowie die zunehmende Digitalisierung einen gnadenlosen »Selbstoptimierungszwang«, indem jungen Menschen dann nahegelegt wird, ihre »Kompetenzen« als eigenständige »Ich-AG« andauernd selbst zu optimieren – nach dem Motto, »jeder ist seines/ihres Glückes Schmied« –, scheinbar unabhängig von mitgebrachten sozialen Chancen und erlebten Förderungsmöglichkeiten!

Und alle »Modernisierungverlierer« seien dann selbst schuld, da sie sich nicht genügend in »nackter Flexibilität« geübt hätten! (Mausfeld, 2019).

Die Realangst vor Arbeitsplatzverlust vergrößert sich enorm: Ölkrisen und Rezession wechseln sich ab mit »Bankenrettung« und stagnierender Wirtschaft. Die neoliberale Ideologie legitimiert diese Unkontrollierbarkeit, indem sie den freien Markt zu einer nahezu »göttlichen Instanz« erhebt, deren Undurchschaubarkeit wie ein unveränderbares Naturgesetz dargestellt wird. (Mausfeld, 2019)

Aus der Vielfalt der Möglichkeiten ist ab den 90er-Jahren weitgehend ein Zwang zur Individualisierung geworden. Der Bumerang der »Multioptionsgesellschaft« schlägt als erhöhte Versagensangst, permanenter Lebenshetze (man könnte ja etwas versäumen!) und chronifiziertem Krisenmodus auf das Individuum zurück, was besonders die Älteren betrifft, die ja durch die Auswirkungen der beiden Weltkriege schon viel verloren hatten

Die Haltung vieler Erwachsener in der globalisierten Welt bewegt sich seit etwa dieser Zeit panisch »zwischen Aufstiegswunsch und Abstiegsangst« (Beck & Beck-Gernsheim, 1990, S. 172). Der »Feind« ist nicht mehr ausmachbar, die Gefahren dieser Welt sind undurchschaubar und – noch schlimmer – scheinbar unveränderbar geworden, solange die Ohnmacht nicht gefühlt wird und daraus gemeinsam Konsequenzen gezogen werden (siehe IV. 3.).

Wie vermittelt sich diese Sicht auf die Welt den Kindern, Jugendlichen und jungen Erwachsenen?

Einerseits entsteht eine Art »Entgrenzung« von Kindheit und Jugend in einer medientechnisch immer anspruchsvoller werdenden »Event(un)kultur«, deren Leitidee des »nur Spaßhabenwollens« an eine Endzeitstimmung erinnert.

Im »Hotel Mama« oder als ewige »Staatssäuglinge« bleiben viele Erwachsene in einem regressiven Sog an der privaten oder gesellschaftlichen Nabelschnur gebunden. Over-Protectiv ist die Haltung vieler Eltern, denn die Welt da draußen erscheint zu unsicher für ihre Kinder.

Strenge Zeitfahrpläne, permanente Ortung der Kinder durch Handys und straff durchorganisierte Tage der »Helikopter-Eltern« sind dann die andere Seite dieser Angstvermeidung durch Kontrolle.

Der Generation »Y« – geboren etwa zwischen 1980 und 1994 – wird die Haltung nachgesagt, »erst leben, dann arbeiten« zu wollen, was oftmals mit dem strengen Arbeitskodex ihrer Kriegskinder- und Nachkriegskinder-Eltern kollidierte. Sicherlich kann man dies nicht über alle Schichten und Jahrgänge hinweg verallgemeinern, doch diese Tendenz, die von einem der führenden deutschen Personalberater, Marcus Reif, verkündet wird, basiert auf vergleichenden Untersuchungen, die den »digital natives« dieser Generation im Unterschied zu den (Nach-)Kriegskindergenerationen (leben, um zu arbeiten) eine deutlich stärkere Betonung der »Work-Life-Balance« und Freizeitzentriertheit nachsagt. (Reif, 2019)

Immerhin setzte diese Generation – zumindest auf dem Papier – schon einmal Gleitzeit, Elternzeit und Teilzeitmöglichkeiten durch. »Sabbaticals statt Dienstwagen, Sinnsuche statt Beförderung« nennt Lena Greiner dies. (2018)

Die darauf folgende Generation »Z« (geboren 1991–2010) zeigt dann wieder eine neue Anpassungshaltung: Diese »Technoholics« seien »perfekt durchdigitalisiert«, verbringen sie doch täglich 7–8 Stunden als »Informationsjunkies« im Netz und beweisen schon jetzt eine starke Anpassung an die gesellschaftlich geforderte Flexibilität.

Als »Job-Nomaden« unterwerfen sie sich keinen alten Hierarchien mehr und fühlen sich auch kaum mehr ihren vielzähligen Arbeitgebern gegenüber loyal verpflichtet. Wenn ihnen aber schon die Trennung von Arbeit und Freizeit von der globalisierten Unternehmens(un)kultur versagt bleibt, dann wollen sie wenigstens am Strand arbeiten können …

Und sie wissen sich ihre Dauerbereitschaft und ihre Kompetenzen sehr gut bezahlen zu lassen! (Mörstedt, 2018) Ältere, die nach dreißig oder vierzig Arbeitsjahren eigentlich nur noch der sicheren Berentung entgegenstreben wollen, fühlen sich durch diese Grenzlosigkeit oftmals bedroht, was ihre Arbeitsplatzsicherheit angeht.

Diese Tendenzen, auf dem IT-Markt erforscht, lassen sich auf andere wirtschaftliche Sparten sicher (noch) nicht 1:1 übertragen.

In den 15. Shell-Jugendstudien von 1990–2000 wird so auch von einem »neuen Bedürfnis nach Ordnung und Berechnung (der Jugendlichen, d. Verf.) in einer unübersichtlich gewordenen Welt« geschrieben, was deren Tendenz, überwiegend konservativ zu wählen, zum Teil erklären könnte.

Für unser Thema der Auswirkungen dieses Wertewandels auf die drei Generationen lässt sich eine Hypothese ableiten:

Diese hochkomplexe, aktuelle Gesamtsituation mit globaler Vernetzung und unbarmherzigem Wettbewerb zwischen den verbliebenen 147 Großkonzernen, die unser Leben bestimmen (wollen), wirkt verunsichernd auf viele von uns. (Mausfeld, 2018)

Wie sieht dies konkret bei den einzelnen Generationen aus?

Die Kriegskinder haben in ihren Familien meist neben Krieg auch Rezession, Geldentwertung, Inflation und hohe Arbeitslosigkeit hautnah miterleben müssen. Sie streben größtenteils nach all der erlebten Unsicherheit jetzt nach Besitzstandswahrung und Sicherheit! So stimmte die Mehrheit der älteren Engländer lieber für den Brexit, da ihnen (mit viel Geld im Hintergrund) vorgegaukelt wurde, sie müssten sonst ihre Krankenversicherung und vieles mehr mit immer mehr Flüchtlingen teilen.

Die Nachkriegskinder und -enkel haben größtenteils den Wertewandel der 70er- und 80er-Jahre mit vorangetrieben – sich für Demokratisierung, Toleranz und Abrüstung in allen Lebensbereichen eingesetzt – wofür das alles, wenn man jetzt wieder kurz vor einer autoritären Wende in einen »Sicherheitsstaat«, vor neuen atomaren Gefahren und vor einem Klimakollaps steht?

Beim Thema der weltweit notwendig gewordenen Mobilität scheint eine große Mehrheit in Europa sich wieder von alten Mechanismen der öffentlichen Wahrnehmungsmanipulation einfangen zu lassen.

Die gezielte Umlenkung unseres Interesses auf neue, nahezu beliebige Feindbilder lenkt von der gigantischen sozialen Ungleichheit ab, deren Umverteilung von unten nach oben sich seit 50 Jahren fast unbemerkt vollzogen hat.

Sie lenkt auch ab davon, dass immer weniger der politischen Entscheidungen der Exekutive – man denke nur an die genehmigten Rüstungsexporte und an die Bankenrettung! – politisch von der Bevölkerung oder der Legislative mitbestimmbar gewesen sind.

Im Gegenteil: Auch hier muss leider von einer zunehmenden Desinformation der Politik und der »Lückenpresse« ausgegangen werden.

So werden zugunsten eines »Kampfes gegen X« massiv Freiheitsrechte eingeschränkt – die Unbestimmtheit von »X« scheint dabei beabsichtigt: Man denke hier nur an die sogenannten »Staatstrojaner«, die Unendlichkeitshaft, die in Bayern schon eingeführt wurde und den Begriff des »Gefährders«, der von der Polizei situativ ausgelegt werden darf.

Die Rechtswissenschaftlerin Ingeborg Maus sieht deshalb unser Rechtssystem auf dem Weg zurück zu einer gefährlichen »Refeudalisierung« durch diese und andere unbestimmbaren Rechtsbegriffe. (Mausfeld, 2019)

Zusammen mit den massiven Klimaveränderungen und der atomaren Bedrohung durch die Wiederaufrüstung der drei Großmächte können bei den drei Generationen Apathie, Rückzug ins Private oder in die (Medien-)Sucht, Somatisierungen oder andere Posttraumatische Belastungsstörungen als Bewältigungsmechanismen für diese traumatischen »Trigger« von Ohnmacht und Sinnlosigkeit entstehen.

Andererseits haben sich viele von ihnen bei der Traumaverarbeitung und -integration im Sinne des »Traumatic Growth« neue Fähigkeiten angeeignet und sind sich ihrer Resilienz bewusster geworden, sodass hier auch ein Widerstandspotenzial entstanden ist.

Außerdem schätzen viele – auch auf dem Hintergrund ihres schweren ersten Lebensabschnittes – ihr inzwischen sicheres, friedliches und leichteres Leben. Sie nehmen auch gerne die gesellschaftlichen Gemeinsamkeiten und Möglichkeiten wahr, die über die Generationen hinweg verbindend wirken.

Ihr Leben mit neuen Werten, in neuen Gemeinschaften und Wahlverwandtschaften ist ihnen so viel wert, dass sie auch für deren Erhalt und eine lebenswerte Umwelt aktiv eintreten.

Und der eigene Wille, dies auch durchzusetzen, wurde in einem langen Leben mit all den bewusst gewordenen Ressourcen und schon überstandenen Krisen gestärkt.

So können die zuvor genannten gegenwärtigen und zukünftigen gesellschaftlichen Herausforderungen aus systemischer und spiritueller Sicht auch eine große Chance sein für alle, in neuen Aktions- und Lebensformen über die Generationen- und andere Grenzen hinweg zusammenzufinden. Davon handelt das nächste Kapitel.

3. Neue Begegnungs- und Handlungsmöglichkeiten der Generationen: Wie das Puzzle weiter gelegt werden kann

Nach all den durchgearbeiteten schweren Anteilen aus der Herkunftsfamilie nehme ich inzwischen bei vielen meiner Gruppenteilnehmerinnen eine Veränderung des Fokus wahr: Manche erzählen von sich aus, worauf sie auch stolz sind: was sie z. B. aus ihrer Familie an Gutem mitnehmen konnten; manche holen und geben aktuell auch (wieder) Rat und Unterstützung (bei) ihren Eltern und erleben von beiden Seiten nicht nur eine Versöhnungsbereitschaft, sondern auch die Kraft und den Willen dazu.

Im Unterschied zum sicher auch notwendigen, zeitweiligen Bruch der 68er-Bewegung mit den vorigen Generationen erlebe ich viele Gruppenteilnehmerinnen heute so, dass sie froh sind um gute, neue Erfahrungsmöglichkeiten mit ihren nunmehr schon sehr alten Eltern und Großeltern.

Das lässt sich sicherlich nicht verallgemeinern und ist in manchen Fällen auch gar nicht ratsam, doch bei den meisten wird es »zum Horizont hin heller«.

Andere wiederum greifen den mehrgenerationalen Ansatz in der Familientherapie auf, »der den intrafamiliären Wiederholungszwang vor allem durch die Mithilfe der Großeltern-Generation auflösen möchte«. (Massing, 1999)

Die Endlichkeit, die viele von uns Nachkriegskindern schon anhaucht, verhilft oft zu mehr Demut und Wohlwollen – sich selbst und auch anderen gegenüber.

Was ist noch wichtig auf dem letzten Stück Lebensweg?

Hier verdichtet sich noch einmal die Ausrichtung: Die Generativität, also das, was wir an die nächste Generation weitergeben oder ihr hinterlassen wollen, lässt viele von uns noch ein letztes Mal zur Kämpferin werden.

So finden sich in der Umwelt- und Naturschutz- und in der Friedensbewegung Jung und Alt zusammen und nicht nur das – auch parteienübergreifend, wie dies zum Beispiel mit Herbert Gruhl (CDU),

Monika Griefahn (Die Grünen) und Maria Mies (Feministin) für den Umweltschutz exemplarisch verdeutlicht werden kann.

Noch nah war für viele Ältere die Erfahrung der letzten Weltkriege, als sie ab den 60er-Jahren wieder zu den Ostermärschen für Frieden, diesmal in Vietnam, auf die Straßen gingen.

Mit ihrem »Nie wieder Krieg!« erreichten sie auch, dass Kriegsdienstverweigerung gesellschaftlich mehr anerkannt wurde, traten auf den Kirchentagen und anderswo gegen eine drohende Stationierung von Atomwaffen in Deutschland auf und wendeten sich 2003 gegen eine Beteiligung am Irakkrieg zum Teil gegen ihre eigenen Parteigenossinnen.

Aktuell organisiert eine 76-Jährige in Büchel in der Eifel den Ostermarsch 2019, und auch hier werden wieder mehrere Generationen zusammenkommen, um auf die Gefahren der Aufkündigung der INF-Verträge durch die Großmächte aufmerksam zu machen. In Büchel sollen neben den Tornados auch 20 Atombomben der Amerikaner stationiert sein und damit die Eifel zu einer großen Gefahrenzone bei möglichen neuen kriegerischen Auseinandersetzungen machen.

Schön ist, wie sich hier Jung und Alt mit unterschiedlichen Aktionsformen ergänzen: So legen junge Friedensaktivistinnen mit einem 828-Kilometer-Radmarathon dort einen Zwischenstopp ein, und neben der eigentlichen Demonstration gibt es einen 20-wöchigen »bunten« Widerstand inklusive subkultureller Formen rund um das Militärcamp. (Albes, 2019)

Vorsorglich hilft hier schon mal die Erde selbst mit, indem sie zwei Mal im Februar 2019 ihr Innerstes in der Vulkaneifel erzittern ließ – ein deutliches Warnzeichen, nicht alles mit sich machen zu lassen.

Die Proteste der Schülerinnen und Schüler für mehr Umweltschutz, angeregt durch die 16-jährige schwedische Klimaaktivistin Greta Thunberg, könnten »ein Wendepunkt in der globalen Klimapolitik« werden. Inzwischen gehen Tausende von sehr jungen Leuten unter dem Hashtag »FridaysForFuture« in ganz Europa und anderen Teilen unserer Welt jeden Freitag dafür auf die Straße nach dem Motto, Unterricht kann nachgeholt werden, diese Erde aber haben wir nur einmal.

Auch diese Bewegung entwickelt sich zunehmend zu einer mehrgenerationalen, sind doch die demonstrierenden Kinder und Jugendlichen viel näher an den Zentren der Macht als die jetzt schon von der Klimaveränderung betroffenen Bauern im globalen Süden, denen »der ansteigende Meeresspiegel, die Überschwemmungen und Dürren schon jetzt die Lebensgrundlagen rauben«, die aber abseits der großen Städte nicht gehört werden. (Probst, 2019, S. 59)

Solch zeitlich begrenzte Projekte, die über das Internet schnell verbreitet werden können, scheinen sich als mögliche, realistische Aktionsformen aktuell durchzusetzen, bis die größte Gefahr gebannt oder ein Zwischenziel erreicht ist.

Das ist auch bei der Unterstützung der deutschen Bevölkerung gegenüber den Flüchtlingen so: Während der großen Herausforderung 2015 waren 55 Prozent (!) der über 16-jährigen Deutschen aktiv – ob mit Sach- oder Geldspenden oder mit direkten Hilfen. 2018 sind es immerhin noch 19 Prozent, davon 72 Prozent Frauen als Helferinnen und 25 Prozent der Helfer über 60 Jahre und älter. (Bundesfamilienministerium, 7. 2. 2018)

81 Prozent geben an, hierbei sehr viel Dankbarkeit zu erleben, die ihr Tun als sinnerfüllt widerspiegelt. 84 Prozent geben als Motiv an, dies für mehr »soziale Gerechtigkeit« zu tun, und 11 Prozent arbeiten hierfür mehr als 5,5 Stunden die Woche. (Menschen stärken Menschen, 2018: Bundesfamilienministerium)

Diese Zahlen erfüllen mich mit Stolz und Rührung, und ich fühle mich reich verbunden und gut vernetzt mit all diesen Menschen durch meinen kleinen Beitrag.

Genauso sind andere, mehrgenerational ausgeführte, gemeinnützige Tätigkeiten zu erwähnen: Ob es in der Nachbarschaftshilfe ist, in der Betreuung von Menschen »mit speziellen Bedürfnissen« (ehemals »Behinderte« genannt), in der Pflege und im Hospiz oder bei »der Tafel«, ob mit Patenschaften für Flüchtlinge oder wenn Seniorinnen ihre reiche Erfahrung an junge Menschen weitergeben. Und diese Aufzählung ist sicherlich noch lange nicht vollständig! Überall gibt es ein »neues Teilen« der inneren und äußeren eigenen Schätze miteinander!

Die Generationenmärchen über faule Junge und fade Alte lösen sich langsam aber sicher, auf.

Auch in neuen (»alten«) Wohnformen wie den Mehrgenerationenhäusern werden Jüngere zu Handelnden, und Ältere lernen loszulassen vom alten Sicherheitsdenken. Genossenschaftliches Wohnen wie zum Beispiel in Luzern in Clusterwohnungen (»allein und zusammen«) nimmt auch in Deutschland immer mehr zu.

Gemeinsam zu essen schätzen zum Beispiel 83 Prozent der 18–35-Jährigen wie auch 89 Prozent der Rentnergeneration. (Vermächtnisstudie, spiegel-online, 2019)

Wenn dann auch noch zusammen gekocht, gelacht, musiziert und gespielt wird, kommt die in der Selbsterfahrung gelernte »Dialogfähigkeit« gut zum Tragen.

Victor Frankl hat diese und ähnliche »Quantensprünge« einmal die Entwicklung »von der Ego- zur Sinnorientierung« genannt.

Anselm Grün nennt es sanft »verwandelt werden« statt sich verändern zu müssen, Marin Buber »Ich werdend sprechen ich Du«.

Vielleicht kann sich auf diesem Alltagsweg die viel gefürchtete »Diversity« leichter als eine reichhaltig zu genießende Vielseitigkeit entpuppen, wenn jede zuerst einen liebevollen Blick auf sich selbst gelernt hat?

Die Angst vor »dem Fremden« wurde zwar jahrtausendelang als Überlebensmechanismus in unseren Gehirnen abgespeichert, doch gilt auch hier unsere täglich neue Entscheidungsmöglichkeit, ob wir diesem Reflex weiterhin nachgeben oder genauer hinschauen wollen: Selbsterfahrung hat hier einen ganz wichtigen Beitrag zu leisten, zeigt sie uns doch zuerst einmal, mit der Angst vor dem Fremden in uns selbst, mit den ungeliebten Schattenanteilen, anders umzugehen. Gelingt dies, muss diese Angst nicht ständig nach außen projiziert und dort bekämpft werden.

Aleida Assmann, die Friedenspreisträgerin des Deutschen Buchhandels 2018, mahnt aktuell zu Recht neben dem Genuss der Menschenrechte auch die zu entwickelnden »Menschenpflichten« an, die mit den in der Selbsterfahrung geschulten Tugenden gut vereinbar sind:

- Ein angemessenes Maß an »Bescheidenheit« anderen gegenüber, das am besten gelingt, wenn man sich selbst genügend innere »Nachbeelterung« schenkt.
- Eine humanistisch geprägte Redlichkeit, die gewaltfrei den Diskurs führt auch mit verblendeten Feinden unserer wertvollen Demokratie und ihnen politisch wachsam Einhalt gebietet.
- »Selbstbeherrschung«, deren Basis die erlebte Freiheit ist, im Innern das eigene »wahre« Selbst immer wieder zu finden.
- Und – last but not least – Liebe als auch fürsorgliches, mitfühlendes und respektvolles Handeln, das den »Schutz der Schwachen« miteinschließt. (Assmann, 2017)

Entsteht dieser »neue Gesellschaftsvertrag«, den sie mit dieser Wertesynthese anzielt, nicht nur auf dem Papier, sondern in unseren Herzen und durch unsere Taten, dann haben auf diesem Weg hoffentlich nicht nur unsere drei Generationen den bestmöglichen Frieden miteinander geschlossen, sondern auch den Kindern und Enkeln der jetzigen Kriegsenkel eine Welt hinterlassen, in der sie noch gut ihr eigenes Leben gestalten können.

KAPITEL V

Persönliche Lebensläufe aus drei Generationen

1. Einführung in die biografische Selbstreflexion durch Schreiben

Exemplarische Beispiele von Gruppenteilnehmerinnen aus den drei Generationen

Das Schreiben kann nicht nur ein Mittel zum Zweck sein, sondern auch nach innen wirken: Dies zeigen Tätigkeiten wie Tagebuch schreiben und alle anderen kreativen Schreibprozesse.

Die Ent-Äußerung, die durch den Schreibprozess geschieht, entlastet den Kopf, beruhigt und hilft wiederum bei der Entwicklung von neuen Gedanken. Entführten wie Jan Reemtsma und Michael Scott Moore, der 2012 von Piraten 977 Tage in den Händen seiner Entführer verbringen musste, half das Schreiben sogar während der traumatischen Erfahrung, nicht durchzudrehen: »Die Arbeit an meinem Buch hat mir beim Verarbeiten der Ereignisse sehr geholfen. Ich weiß, dass Therapien dazu dienen, traumatischen Ereignissen ein Narrativ zu geben, eine Logik. Mit dem Schreiben war es ähnlich.« (Moore, 2019, S. 40–47)

Der kognitive Prozess des Schreibens könnte also auch den Teilnehmerinnen meiner Selbsterfahrungsgruppen helfen, die »Puzzleteile« zu ordnen und zusammenzufügen. Indem eine neue Erzählung entsteht, geben sie sich mit dem geschriebenen Wort auch eine Art von Selbstermächtigung: Sie werden zur bewussten Autorin der eigenen Biografie und »würdigen (so d. Verf.) ihre Erinnerungen schreibend«. (Battke, 2013)

Und es erfordert auch Mut, »sich den oft ungeborgenen Erinnerungen anzuvertrauen«. (Alberti, 2013)

Nun schreiben hier aus allen drei Generationen Teilnehmerinnen, die schon mehrere Jahre Gruppenerfahrung haben und auch weiterhin in diesen geschützten Rahmen eingebettet sind, sodass das Vorher und Nachher des Reflexionsprozesses besprochen werden kann.

Als im besten Sinne exemplarisch erscheinen mir alle der vier Beiträge, da sie die Themen ansprechen, die wir bei Kriegskindern, Nachkriegskindern und Kriegsenkeln als sie bewegende kennengelernt haben:

- Eine große Treue und viel Verständnis für den zeitgeschichtlichen Kontext, in dem die Eltern gelebt haben (»Sie haben es doch auch gut gemeint«).
- Viel Kinderliebe auch, die den Eltern und Großeltern etwas an Last abnehmen möchte und doch auch an die eigenen Grenzen und Bedürfnisse stößt.
- Der lange »Verdauungsprozess« der elterlichen Normen und Werte, deren Verinnerlichungen erst langsam ins Bewusstsein kommen mit der Begleiterscheinung von Verunsicherungen aller Art. (»Darf ich es wirklich leichter haben als …?«)
- Und bei all dem unvorstellbar Schweren mancher Erlebnisse und Erfahrungen auch eine immense Kreativität und Fürsorglichkeit, die sich als »Resilienzblüten« des posttraumatischen Wachstums zeigen – eine späte, doch niemals zu späte Ernte!

So hat ihr Schreiben für mich genau die befreiende Wirkung, die auch Kathleen Battke aus ihren Schreibworkshops berichtet: Es zeigt uns das Licht, das wir alle brauchen, um dem Weg in eine gute Zukunft hinein heimzuleuchten.

2. Flucht und Vertreibung

Lisa Klauk, geb. 1941

»Ich hole mir mein Leben zurück« – Für mich bedeutet das: ich versuche, ein wenig Licht zu bringen in das SCHWARZE LOCH meiner Kriegskind-Biografie; diese wurde zwecks Überlebensstrategie bisher verdrängt oder abgekapselt, gehört aber dennoch zu mir und überschattet mein Leben bis heute.

Anfang des Krieges in Pommern geboren, landete ich – nach Flucht und Vertreibung – im ausgebombten Berlin und wurde dort mit sechs Jahren eingeschult. Hunger, Armut und Kälte bestimmten auch hier noch für lange Zeit unser Leben; meine Mutter ging »hamstern«. Ein nächstes »Zuhause« fanden wir zwei Jahre später im Ruhrgebiet, wo wir als unerwünschte Flüchtlingsfamilie eine kleine 2-Zimmer-Wohnung zugewiesen bekamen, in der meine Geschwister und ich zu fünft in einem Raum schliefen. Oberstes Gebot: nicht stören, möglichst nicht da sein, Rücksicht nehmen auf unsere Vermieter, die uns – nicht freiwillig – ertragen mussten. Diese Wohnsituation (drei Jahre lang) nahmen wir selbstverständlich und dankbar hin, hatten wir doch alle den Krieg überlebt. Auch mein Vater war – nach fünf Jahren an der Front – zurückgekommen.

Also Grund genug, dankbar zu sein. Das Defizit von Alles-verloren-Haben glichen wir aus mit Anpassung. Und so war ich ein unauffälliges, angepasstes Kind, besuchte das Gymnasium bis zum Abitur. Dann Studium, wo ich meinen Mann kennenlernte, ein akademischer Beruf, darin auch Erfolg. Nach Ende des Studiums heirateten wir und waren bald eine kleine vierköpfige Familie.

Trotz dieser relativ geradlinig verlaufenen Biografie gibt es Belastungssymptome, die sich wie schwarze Fäden durch mein ganzes Leben ziehen – insbesondere eine permanente innere Anspannung, weswegen ich schon das Leben an sich als sehr anstrengend empfinde.

»GEBOREN IM KRIEG« – Diese Ankündigung einer dreitägigen Veranstaltung auf einem großen Plakat traf mich, damals 65 Jahre, wie der Blitz: Da gehörst du ja auch dazu! Ist das tatsächlich ein

Thema? Der Rede wert? Drei Tage lang? Und das gut 60 Jahre nach Kriegsende! Dieser Moment war mein *mentales* Erwachen. Ich begab mich auf Spurensuche, begann, einschlägige Bücher zu lesen, und fand mich dort überall wieder. Drei Jahre später ein intensives Wochenendseminar mit dem Thema »Kriegs-Kinder im Alter«. Hier erlebte ich, in verständnisvoller Gemeinschaft, mein *emotionales* Erwachen: Einem Vulkanausbruch gleich wurde ich überwältigt von einem nie dagewesenen Tränenstrom, einer unendlichen Traurigkeit über das Leid des vierjährigen Kindes, welches ich einmal gewesen war in der Zeit von Flucht und Vertreibung. Das ist die Zeit, welche mein »SCHWARZES LOCH« verschluckt hat. Aber immerhin hat es mir aus seiner Tiefe eine Botschaft geschickt: ein seit über 60 Jahren eingefrorenes Gefühl von Traurigkeit war aufgetaut.

Und dafür bin ich dankbar. Es gibt mir die Orientierung, mich diesem Kind, das ich einst war, mehr zuzuwenden. Das versuche ich hier, indem ich die verdrängten Erlebnisse, auch ohne eigene Erinnerung, nach über 70 Jahren aus *meiner* Perspektive aufschreibe. Als Grundlage dient mir der Bericht meiner Mutter, den sie damals nach der Flucht verfasst hat:

Januar 1945. Die russische Armee hatte die polnische Grenze überschritten und war in Pommern eingedrungen. Mitte Februar war in Daber eigentlich der Zeitpunkt zur Flucht gekommen. Jedoch gab es noch immer keinen Räumungsbefehl.

Flüchten VERBOTEN!

***

Am 2. März aber ist die Front inzwischen so nah gerückt, dass sie mit eigenen Augen und Ohren wahrzunehmen ist. Panikstimmung in Daber. Meine Mutter läuft los, bei rollendem Kanonendonner, mit dem verzweifelten Versuch, noch irgendwie irgendwo eine Mitfahrgelegenheit zu bekommen in Richtung WESTEN. Aber niemand hat Platz für eine junge Frau mit fünf Kindern und Gepäck! Schaurig ist es, wie sie übers Land läuft, während ringsum die Frontfeuer aufleuchten. Diese Angst, diese Verzweiflung…

Zurück zu uns Kindern, das sind wir: Meine beiden Schwestern (8 und 6 Jahre alt), ich (gerade 4) und meine kleinen Brüder (2,5 und 1,5 Jahre). Meine Mutter legt uns alle noch halbangezogen zum Schlafen. Sie selbst steht ängstlich wachend die ganze Nacht hindurch am Fenster und schaut auf die endlosen Flüchtlingstrecks, welche schon seit Tagen und Nächten durch unseren Ort ziehen. Menschen, die still und ergeben ihre Heimat verlassen. Am nächsten Morgen verbringt sie Stunden mit dem erneuten Versuch, uns alle doch noch irgendwie zu retten. Sie ahnt nicht, dass dieser Tag der »schrecklichste ihres Lebens« werden sollte.

Plötzlich, 13:30 heißt es »Der Russe kommt. Rette sich, wer kann!« Ein Toben und Schreien auf den Straßen; es ist grauenvoll. Zwei Züge gibt es noch, die in westliche Richtung fahren sollen. Schließlich sitzen wir, kleine Kinder, Frauen sowie alte Männer in der Kleinbahn Richtung Küste. Nach wenigen Minuten werden wir von russischen Panzern gesichtet und unter Beschuss genommen. Die Ängste und Schrecken sind nicht zu beschreiben. Meine Mutter zieht uns fünf Kinderchen alle auf den Fußboden des Waggons und wirft sich über uns. Schließlich hält der Zug; die Lokomotive hat einen Volltreffer, der Lokführer tot. »Es war ein Schreien, Beten, Hilfe-Rufen.« Der Beschuss geht weiter.

Trotz der Gefahr zieht meine Mutter uns Kinder alle nacheinander aus dem Waggon und wirft uns unter den Zug. An den Schienen liegen bereits viele Tote und Verwundete. Über blutbefleckten Schnee und Schmutz kriechen wir unter dem Zug entlang.

Ach Mutter, was ist denn der Schnee dort so rot?
Schau weg nur, mein Kindchen, das ist bloß der TOD.
Und hier an den Schienen, die Männer und Fraun
und Kindlein, die starr in die Dunkelheit schaun?
Blick vorwärts, mein Kindchen, das ist bloß der KRIEG.
Machs Äugelein zu, sing »Maikäfer flieg!«
Und die, die da liegen so still und so stumm?
Ach denke nicht nach, denn das GRAUEN geht um.

Schließlich ist das Ende des Zuges erreicht. Wir kriechen bis zum nächsten Straßengraben. Dort bleiben wir erst einmal völlig erschöpft und verängstigt liegen … Plötzlich schreit ein Kind: »Die Russen, sie kommen!« Die ersten vier Panzer sehen uns anscheinend nicht. Sie rollen vorbei an unseren Köpfen. Der fünfte Panzer hält an, und dann viele weitere nach ihm. Jetzt stehen etwa 20, 30 Russen vor uns. Wir mit erhobenen Händen und Händchen – uns gegenüber, Gewehre auf uns gerichtet, die russischen Soldaten … Sie lassen uns eine Weile lang in Todesangst verharren … Meine kleine große Schwester (8 Jahre alt) versucht, sich umzubringen durch Erwürgen, schafft es aber nicht.

> Wo, große Schwester, ist Deine Hand?
> Ich fürchte mich so hier im Feindesland.
> Lieb Schwesterlein, ich brauch meine Hände,
> halts nicht mehr aus, mach selbst mir ein Ende.
> Was, große Schwester, verziehst dein Gesicht?
> Ach kleine Schwester, ich schaffe es nicht.
> Will mich erwürgen, doch das geht so schwer –
> Die ANGST und das GRAUEN – die ANGST um mich her!

Noch immer verharren wir im Straßengraben, starr und zitternd vor Angst und Kälte. Schließlich lassen unsere Peiniger die Gewehre sinken und schicken uns zurück. Zurück Richtung OSTEN. Unter lähmendem Druck schleppen wir uns fort, ohne zu wissen WOHIN. Dazu müssen wir uns ständig auf den Boden werfen, weil Tiefflieger uns umkreisen und mit Bordwaffen schießen … Mühsam, als ständigen Begleiter die Angst im Nacken, schleppen wir uns irgendwie weiter …

In der Ferne taucht ein Gebäude auf. In diesem Gehöft hausen etwa 50 bis 60 Menschen, auch sie auf der Flucht. Hier finden auch wir erst einmal einen Platz. Meine Mutter besorgt von irgendwoher Stroh für die Nacht, und am Abend schlafen wir Kinder müde und erschöpft ein. Meine Mutter aber wacht und wacht, mit der bangen Frage: WAS NUN? Und weiter: Lässt man uns leben? Werden wir gefangen genommen? Nach Sibirien verschleppt? Reißt man uns die kleinen Kinder fort?

Unten in diesem Gehöft liegen die Verwundeten, ein schrecklicher Anblick. Oben auf dem Dachboden finden wir, zusammen mit vielen anderen jungen Frauen und Kindern, ein Versteck. »Und nun begann ein furchtbares Leben für uns Frauen«, schreibt meine Mutter später in ihrem Bericht. Gerade den Todesängsten und Schrecken vor Granatenbeschuss und Tieffliegern entronnen, kommt nun erneutes Zittern und Bangen auf uns zu. Denn kurz nach unserer Ankunft kommen schon russische Soldaten hoch und fordern Uhren und Schmuck ... Meine Mutter hatte gleich ihre einzige Taschenuhr im Strohdach versteckt. Jetzt steht ein Russe vor ihr und droht, falls er eine Uhr finde, mit Erschießen. Diese Angst und der Gedanke »Was wird mit den Kindern?« Die Soldaten, mit einigem Schmuck, ziehen wieder ab, und es herrscht für eine Weile Ruhe. Die aber währt nicht lange. Bald wieder der Alarmschrei, in dem sich alles Grauen zusammenballt: »Die Russen kommen!« Dazu schreibt meine Mutter später: »Niemals in meinem Leben vergesse ich die überängstlichen, fast starren Gesichter unserer Kleinen, welche sich hilfesuchend an uns schmiegten.« Wie kann eine junge Mutter – selbst zu Tode geängstigt – Hilfe, Geborgenheit, Trost vermitteln?

In diesem Gehöft hausen wir eine Zeit lang. Und dann kommt plötzlich der Befehl: Alle wieder zurück, wo sie hergekommen sind. Erneut vertrieben, in unser Heimatstädtchen, das jetzt unter polnischer Verwaltung steht. In unserer Wohnung haben die Russen gewütet und geplündert. Wir bekommen am Tag 200 Gramm Brot pro Kopf, das Übrige müssen wir irgendwie zusammenbetteln.

Wenige Tage später heißt es: Ab in die umliegenden Dörfer, um das verlassene Land zu bearbeiten. Auf Pferdewagen werden wir in ein Nachbardorf verfrachtet, dessen Häuser die Russen restlos verwüstet hatten. Irgendwo auf der Dorfstraße werden wir abgesetzt, unser Gepäck aus dem Wagen geworfen mit den Worten: »Nun sucht euch eine Bleibe!« Im Schneesturm – vor Kälte und Nässe zitternd – müssen wir fünf Kinder beim Gepäck stehen bleiben, während unsere Mutter auf die Suche geht.

> Ach Mütterchen, geh doch nicht fort,
> So schrecklich kalt ist dieser Ort,
> Und Flocken peitschen ins Gesicht,
> Ach Mütterlein, verlass uns nicht!
> Sei ruhig, meine kleine Schwester.
> Vielleicht gibts hier verlassne Nester,
> Und eins davon sucht Mutter aus,
> dann ists als gingen wir nach Haus …

Endlich kommt unsere Mutter zurück. In einem verwahrlosten Hof hat sie aus einem »Küchenloch« den größten Dreck und Mist geschabt, hat zwei Matratzen gefunden und legt uns frierende Geschöpfe zum Schlafen. Sie selbst steht wieder an der Tür und wacht. Am Morgen erfährt sie von anderen Flüchtlingen, dass in einem nahe gelegenen alten Schloss sich etwa 100 Russen befinden, die Tag und Nacht deutsche Frauen vergewaltigen. »Neue schreckliche Gewissheit.«

Meine 30-jährige Mutter verwandelt sich in eine alte, hässliche, abstoßende Frau: Langes, altgrünes Kleid, schwarze Schuhe und Strümpfe, schwarzes langes Schultertuch mit Fransen, alte graue Schürze, schwarzes Kopftuch tief ins Gesicht, Brille auf der Nase. Nachts, manchmal auch am Tag, weiß angemalt. »Und wenn dann ein Russe erschien und ich mich nicht mehr verkriechen konnte, zog ich noch furchtbare Falten und Grimassen – kurz, die Kinder und die Russen konnten Angst vor mir bekommen.«

> Ach Schwesterlein, sag mir WARUM
> geht unser Mütterlein so krumm
> und alt und hässlich übers Land,
> brauch ihre Wärme; ihre Hand.
> ANGST hat sie, ANGST, mein Schwesterkind,
> dass sie den Feinden bloß entrinnt.
> Erschrick nur nicht, hab guten Mut,
> am End' wird alles wieder gut.

Obwohl »unser« Zimmer hinter einer Stalltür liegt, kommen immer wieder Russen, nach Beute suchend, und leuchten uns allen ins Gesicht. Zu aller Hässlichkeit versucht unsere Mutter dann, noch fürchterlich zu schielen …

Mit dem Befehl »500 Russen kommen ins Dorf; alle Deutschen raus!« müssen wir wieder auf die Straße. Man treibt uns auf ein Vorwerk, wo wir zu 150 Menschen in zwei Häusern hausen. »Hier war die Hölle«, schreibt meine Mutter später. Wir finden Platz in einem winzigen Knechtezimmer.

Abend für Abend knallt es um »unser« Haus: Polen und Russen schießen aufeinander. Frauen schreien und werden immer wieder von Russen herausgeholt und vergewaltigt. Als die Nächte unerträglich werden, steigert meine Mutter noch ihr abstoßendes Aussehen mit einem dicken Ohren- oder Augenverband und stellt sich schwerkrank. Einmal hilft ihr ein simulierter Brechanfall. Ein andermal steht frühmorgens vor der Tür plötzlich ein breitknochiger Russe vor ihr. Als er handgreiflich wird, schreit sie aus Leibeskräften, sodass wir Kinder, noch im Hemdchen, herausgelaufen kommen und in Panik mitschreien – der Peiniger nimmt sein Gewehr vom Tisch und zieht ab … Ein anderer droht ihr gar mit Erschießen, und als meine Mutter sagt, sie habe fünf kleine Kinder, spuckt er vor ihr aus. »Diese dauernden Ängste und Schrecken kosteten Nervenkraft.«

Irgendwie gelingt es uns nach einiger Zeit, nochmals in unser Heimatstädtchen zurückzukehren. Unser Haus ist von Russen besetzt. Bei einer freundlichen Familie finden wir Unterschlupf. Ich bin durch all die Strapazen an Diphtherie erkrankt. Ein Arzt verordnet mir 14 Tage Bettruhe. Aber es ist Krieg, und der nimmt keine Rücksicht, auch nicht auf kleine kranke Kinder. Ein paar Tage später frühmorgens der Befehl: Um 7 Uhr müssen alle Deutschen auf der Landstraße sein.

Nun beginnt eine regelrechte Jagd. Von polnischen Soldaten werden wir über die Landstraße gehetzt. Zum Glück gelingt es meiner Mutter, meine Brüderchen und mich irgendwo in einem Wagen unterzubringen, aber manchmal müssen auch wir laufen, um alten und noch kränkeren Menschen Platz zu machen.

So laufen, laufen und laufen wir ... in einem endlosen Treck von Menschen, die ihre Heimat verlassen haben und damit alles, aber auch alles, was ihnen einmal lieb und wert war. Und keiner weiß WOHIN.

Ach, große Schwester, Mütterlein,
ich kann nicht mehr, bin doch noch klein,
und krank dazu und müde, ach,
und meine Beinchen sind so schwach.
Und Vater, warum kommt er nicht?
Ist an der Front, tut seine Pflicht.
Du musst jetzt ganz vernünftig sein!
Ich bin doch aber noch so klein.

*****

So zogen wir weiter, meine Mutter mit uns fünf Kindern. Die Nächte verbrachten wir irgendwo auf freien Dorfplätzen, oder wir hausten in Ruinen oder, wenn wir Glück hatten, in einer Scheune. Es ging über einige kleinere Ortschaften und schließlich über die Oder. Wir Kinder waren inzwischen abgemagert, litten unter Ruhranfällen, Läusen und Hunger. Die allerletzte Strecke konnten wir im Bremserhäuschen eines Öltankzugs mitfahren – Ziel Berlin, welches in Schutt und Asche lag. Dort, nach viermonatiger Flucht angekommen, saßen wir erst einmal erschöpft am Straßenrand. Viele Passanten blieben stehen und schenkten uns Kindern Johannisbeeren, Brot oder Kekse.

3. Auswirkungen der Nazierziehung auf mein Leben
R. Lange, geb. 1936

Als ich davon hörte, dass in der Stadt, in der ich lebe, eine Gruppe für Kriegskinder, Nachkriegskinder und Kriegsenkel gegründet werden sollte, dachte ich, das könnte zu meiner Lebensgeschichte passen. Ich hatte über dieses Thema auch einige Literatur gelesen.

Ich bin wenige Jahre vor dem Beginn des Zweiten Weltkrieges geboren. Auf diese Zeit wurde in den Psychotherapien bisher wenig Gewicht gelegt. So ist es auch mir ergangen.

Ich habe die nationalsozialistische Erziehung als Kind voll erfahren. Außerdem war insbesondere mein Vater religiös eingestellt. Meine Mutter kannte wahrscheinlich das Buch der Ärztin Johanna Haarer, zumindest die nationalsozialistische Erziehung, die sie empfahl. Dazu kam, dass meine Mutter selbst eine strenge Erziehung genossen hatte.

Ich bekam mit, wenn meine jüngeren Geschwister als Babys nachts weinten, dass meine Mutter nicht zu ihnen hinging, um sie nicht zu verwöhnen. Die Erziehung zur Sauberkeit fand bei uns auch sehr früh und mit Druck und Konsequenz statt.

Von meinen Großeltern stammte der Spruch: »Der Wille eines Kindes muss erst gebrochen werden, bevor es erzogen werden kann.«

Später, als ich längst im Beruf als Ärztin war und mich gegenüber meinem sonst netten Onkel – Bruder meiner Mutter – über die belastenden Arbeitsbedingungen (alle zahlreichen Nachtdienste fanden ohne Freizeitausgleich statt) beklagte, hatte er kein Verständnis für mich, sondern sagte nur: »Gelobt sei, was hart macht.« Er hatte als Soldat in Russland gekämpft.

Zu den Prinzipien meines Vaters gehörte ein unbedingter Gehorsam. Bei jedem kleinsten Vergehen wurde ich von meiner Mutter geschlagen, z. B., wenn ich nach dem Ruf, zum Essen zu kommen, nicht sofort alles stehen und liegen ließ und zu Tisch eilte. Ich lebte ständig in Angst, bei irgendwelchen kleinen Ungehorsamkeiten von meinen Eltern entdeckt und bestraft zu werden, hatte dauernd ein schlechtes Gewissen.

Hart war auch, dass es keine Versöhnung gab. Stattdessen wurde mehrere Tage nicht mit mir gesprochen.

Einmal wurde ich in unseren abgelegenen Keller, der dicke Mauern hatte, gesperrt. Ich hämmerte voller Angst gegen die dicke Tür. Aber keiner hörte mich.

Eine ähnlich drakonische Strafe erfuhr ich in einem Kinderheim. In dieses war ich vorübergehend gebracht worden, weil meine Mutter kurz danach in eine Klinik zur Entbindung ging.

Als ich Heiligabend durchs Schlüsselloch guckte, um den Weihnachtsbaum zu sehen, wurde ich zur Strafe über Nacht in eine dunkle Dachkammer eingesperrt. Die Angst, die ich ausgestanden habe, weil es ja sein konnte, dass ich nicht wieder rauskäme, wenn Gott es nicht wollte, wie mir die Heimerzieherin sagte, kann ich nicht beschreiben.

Um jeden Widerspruch seiner fünf Kinder im Keim zu ersticken, warf mein Vater ständig mit Bibelsprüchen um sich: »Unser Herrgott hat gesagt …« Während ich das hier schreibe, muss ich spontan lachen, jedoch damals waren das Totschlagargumente, die uns wehrlos machten.

Wie ich diese schwere Zeit als Kind überhaupt überlebt habe und mich nicht aufgegeben habe, woher also meine Resilienz kam, weiß ich nicht. Vielleicht war es die Hoffnung, dass es irgendwann besser werden würde.

In vielen ähnlich strukturierten Familien wie der unseren, in denen Härte und Strenge an der Tagesordnung sind, gibt es oft als Gegenpol eine warmherzige bzw. fürsorgliche Person. Bei uns war das nicht der Fall.

Nur der Hausmeister nahm mich manchmal auf den Schoß, wenn meine älteren Geschwister wegrannten und ich ihnen nicht folgen konnte, ich muss etwa vier Jahre alt gewesen ein. Er ließ mich dann an seiner Pfeife ziehen. Er war für mich ein seltener Lichtblick und ein echter Trost.

Die verbotene Widerrede und dadurch das Fehlen jeglicher Diskussionen und Äußerungen von anderen Meinungen habe ich internalisiert und mich lebenslang danach gerichtet. Erst jetzt im hohen Alter werden mir die Zusammenhänge klar, und ich bin daran, es anders zu machen.

Auch das »Du sollst nicht merken« laut Alice Miller habe ich verinnerlicht. Als Kind habe ich viel gesehen und beobachtet, was ich aber nicht äußern durfte. Ich musste schweigen und so tun, als hätte ich nichts gemerkt.

Ich war neun Jahre alt, als ich eine Lebensmittelkarte meiner Mutter mit dem Aufdruck »Für werdende Mütter« sah. Das bestätigte meine Vermutung. Meine Mutter jedoch nahm sofort die Lebensmittelkarte weg und sagte: »Das geht dich gar nichts an!«

Erst jetzt und nicht zuletzt durch die Gruppe sehe ich die Hintergründe mancher Verhaltensweisen von mir und kann an einer Veränderung arbeiten.

Als meine kleine zweijährige Schwester, die mir von meinen Geschwistern emotional am nächsten stand, im Krieg an einer Lungenentzündung starb, da wir nicht heizen konnten, durfte ich nicht trauern, nicht weinen, um meine Mutter nicht noch trauriger zu machen. Und außerdem starben ja auch so viele Soldaten im Krieg. Dieses Nicht-trauern-Dürfen hatte zur Folge, dass ich später bei Todesfällen immer unsicher war, ob ich berechtigt sei zu trauern.

Was bei meinem Vater Anerkennung auslöste, war Leistung. Ich war gut in der Schule und profitierte davon. Nach dem Krieg übersprang ich eine Klasse und landete dadurch in der Klasse meiner älteren Schwester. Das war nicht einfach für sie.

Als ich 13 Jahre alt war, erkrankte meine Mutter an schwerer unheilbarer Krankheit, an Krebs. Da es noch keine sozialen Hilfen wie heute gab und mein Vater mit einer Krankenschwester, die er angestellt hatte, Pech hatte, fiel seine Wahl auf mich. Er nahm mich mehrmals für drei Wochen aus der Schule, um meine Mutter zu pflegen. Es tat mir in der Seele weh, sie so leiden zu sehen, und ich verdrängte meine schlimmen Erfahrungen aus der vorangegangenen Zeit. Ich hatte keinerlei Anleitung oder Unterstützung bei der Pflege, aber ich konnte mich in ihre Bedürfnisse gut einfühlen, besaß die nötige Empathie. Natürlich war es eine Überforderung für mich. Das jedoch haben mein Vater und meine Geschwister nie gesehen. Erst in der Gruppe erfuhr ich wohltuende Anteilnahme, die ich zuerst nicht annehmen konnte.

Ich glaube, dass meine Eltern es im Grunde gut mit uns meinten. Sie wollten uns zu tüchtigen und moralisch untadeligen Menschen erziehen. Aber sie waren überfordert, insbesondere meine Mutter unter den damaligen Kriegsverhältnissen. Meine Eltern haben ihre Erziehungsmethoden nie hinterfragt, das habe ich ihnen lange Zeit übelgenommen.

Meinem Vater war immer sehr daran gelegen, dass wir Kinder nach außen ein gutes Bild abgaben. Ich fand das immer schwierig und irgendwie unrealistisch, da gerade wir wenig Selbstbewusstsein hatten und oft eingeschüchtert waren.

Die Ablösung von meinem Vater fiel mir sehr schwer. Ich ging in Rebellion, hatte aber überhaupt nicht den Mut, vor ihm meine Meinung zu vertreten und zu argumentieren. Es ging mir schlecht, und ich hatte viele Probleme. Es wurde mir klar, dass ich allein nicht mehr zurechtkam. Als ich Psychotherapie in Anspruch nehmen wollte, war mein Vater von Anfang an dagegen, und ich musste immer wieder darum kämpfen.

In einer Familienaufstellung vor Jahren wurde mir klar, dass mein Vater wahrscheinlich Angst davor hatte, sich gegenüber seinen vielen Kindern – wir waren fünf und später sechs – nicht durchsetzen zu können, sondern überrannt zu werden und darum so streng und oft unerbittlich war. Allerdings konnte mein Vater manchmal auch anders sein, z. B. fürsorglich.

Nach dem Abitur erkrankte ich während einer großen Epidemie – es gab noch keine Impfungen – an Kinderlähmung, die mein Leben veränderte. Ich bin jedoch dankbar, dass ich, ungeachtet aller Schwierigkeiten, Studium und Wunschberuf erreichen konnte.

Trotz allem erlebe ich in meinem Leben auch viel Schönes. Jetzt geht es darum, Frieden mit meinem Schicksal zu schließen.

4. Mein langer Weg, erwachsen zu werden
Ruth, geb. 1959

Nur nicht so werden wie meine Eltern. Ganz besonders nicht so wie meine Mutter!

Dieser Leitsatz bestimmte 50 Jahre meines Lebens.

1. Kindheit bis zum 15. Lebensjahr
In diesem Zeitraum lebte meine fünfköpfige Familie zur Miete, und ich zog als ältestes Kind fünfmal mit meiner Familie um. Jeder Um-

zug bedeutete einen Ortswechsel und den Abbruch aller meiner Bekanntschaften. Meine Familie mit meinen beiden jüngeren Geschwistern, eine Schwester, drei Jahre jünger, und ein Bruder, neun Jahre jünger, waren in dieser Zeit meine einzigen konstanten Beziehungen. Einen Kindergarten besuchte ich nicht.

Wenn ich an mein Lebensgefühl in diesen Jahren zurückdenke, erinnere ich mich sehr genau daran, dass ich mich sehr allein und nirgends zugehörig fühlte. Es lagen immer eine gewisse Schwermütigkeit und Anspannung in der Luft. Meine Mutter hatte häufig Migräne. Meine Großmutter mütterlicherseits kam dann und erledigte den Haushalt für sie, und wir mussten auf Zehenspitzen durch die Wohnung gehen.

Wenn Verwandte zu meinen Eltern zu Besuch kamen, wurde sehr viel über ihre Erlebnisse im Krieg und über die Zeit zu Beginn der DDR erzählt. Meine Eltern waren kurz vor dem Mauerbau aus der DDR geflohen. Betont wurde auch immer, dass sie nur mit einem Koffer im Westen angefangen hätten. Ihnen sei nichts geschenkt worden. Nur wer seinen Wohlstand ohne Hilfe oder Geschenke erreicht hatte, wurde von meinen Eltern geachtet. Wir Kinder waren stille Zuhörer. Uns wurde zu verstehen gegeben, dass wir es ja unverdient so gut hätten und genau zuhören sollten.

Die Grundsätze meiner Eltern waren geprägt durch ihre Erfahrungen und ihre eigene Erziehung im Dritten Reich. Wir mussten ohne Widerspruch gehorchen. Taten wir das nicht, gab es drakonische Strafen, heftige Prügel und Einsperren in kleine Kämmerchen. Es gab keine Grauzonen. Nur richtig und falsch.

Erzählungen unserer Eltern hatten nur sehr selten Erinnerungen mit uns Kindern zum Thema. Das Einzige über mich, von dem meine Mutter wiederholt erzählte, ist mein Widerspruchsgeist schon als Kleinkind. Ich wollte alles allein, ohne Hilfe machen, und meine häufigsten Worte wären »willwa« – »ich will« – gewesen. Trotz der sehr harten Strafen wollte ich mich schon damals nicht an die vielen aufgestellten Regeln und Erwartungen halten. Ich erinnere mich, dass ich meiner Mutter sehr häufig trotzig widersprach, obwohl ich wusste, was dann auf mich zukommen würde.

Streit wurde erst beigelegt, wenn ich mich entschuldigte und versprach, es nie wieder zu tun.

So verhielt ich mich entweder extrem angepasst, sehr bemüht, nichts falsch zu machen, oder zeigte eine offene Rebellion durch Widerworte.

Da meine Eltern keine freundschaftlichen Kontakte zu ihrer Nachbarschaft pflegten oder Freunde mit Kindern im gleichen Alter hatten, bekamen sie nur selten Anstöße, ihr Verhalten oder ihre Einstellungen und Werte zu überdenken.

2. Meine Jugend zwischen 16 und 23 Jahren

Ich entwickelte eigene politische Anschauungen, die zunehmend durch eine oppositionelle Haltung zu den Grundsätzen, Werten und Verhaltensweisen meiner Eltern geprägt waren. Ich begeisterte mich sehr für linke politische Strömungen.

Auch meine Berufswahl wurde dadurch beeinflusst. Ich studierte für ein Lehramt an Grund- und Hauptschulen, um dadurch dazu beizutragen, dass möglichst viele Menschen ihre ungünstigen sozialen Voraussetzungen durch Bildung ausgleichen können.

In dieser Zeit gab es hitzige Diskussionen mit meinen Eltern, für die jeder sozialistische Gedanke eine Bedrohung darstellte.

Auch fing ich im Alter von 16 Jahren an, die Rolle meiner Mutter in der Familie offen zu kritisieren. Ich glaubte, dass meine Mutter, die »nur« Hausfrau war und ihr ganzes Leben auf meinen Vater abzustimmen schien, von ihm und den gesellschaftlichen Bedingungen unterdrückt würde. Da es mich reizte, mit meiner Meinung zu diesen Themen bei jeder sich bietenden Gelegenheit nicht hinter dem Berg zu halten, gab es häufig sehr emotional geladene Diskussionen.

Zu meinem Leidwesen konnte ich in meiner ersten Liebesbeziehung zu einem Mann meine theoretischen Vorstellungen zur Rolle der Frau und meine kritische Haltung zu den politischen und moralischen Vorstellungen meiner Eltern nicht umsetzen.

Ich war zwar in meiner Rolle als Partnerin meinem Freund gegenüber selbstbewusst, doch richtete ich mich bei allen neuen Erfahrungen, die ich in diese Beziehung machte, nach den sehr prüden und moralisch sehr engen Vorstellungen meiner Mutter. Sie war ein von mir nicht zu überhörender moralischer innerer Kritiker, dem ich nichts entgegenzusetzen hatte.

Aus diesem Grund wurde meine Beziehung zu meinem Freund nach zwei Jahren auch beendet. Diese Trennung war für uns beide sehr schmerzhaft, aber es war mir nicht möglich, mich von den Vorgaben meiner Mutter zu befreien.

Ohne mir genau meiner Beweggründe bewusst zu sein, bewarb ich mich erfolgreich an der PH, die am weitesten von meiner Heimat entfernt war.

Diese Entscheidung schien sich auch positiv auf meine Unabhängigkeit gegenüber meinen Eltern auszuwirken. Es war eine für mich sehr interessante und eindrucksvolle Zeit.

Ich lernte einen Mann kennen, dem ich aus Liebe nach Amerika folgen wollte, doch zeigte sich nach zwei Jahren Beziehung, dass ich mit vielen seiner konservativen Vorstellungen nicht leben konnte.

Ich glaubte, meine eigenen Grundsätze, Werte und Ziele im Leben endlich gefunden zu haben.

3. *Meine Ehejahre vom 25. Lebensjahr bis zum 50. Lebensjahr*
Ich heiratete mit 25 Jahren einen Mann, 29 Jahre alt, der aus sehr ungünstigen sozialen Verhältnissen stammte. Ich bewunderte seine Kraft, mit der er sein Leben aus dieser schwierigen Ausgangssituation heraus in die Hand nahm. Er machte mit 28 Jahren das Abitur, studierte Medizin und ließ sich als Arzt mit eigener Praxis nieder. Wir bauten unser gemeinsames Leben ohne materielle Unterstützung durch unsere Familien auf.

Ich machte mein Referendariat, bekam keine Anstellung als Lehrerin, machte eine Lehre, ging dann doch noch in den Schuldienst, bekam zwei Kinder und baute ein Haus. Unser Leben änderte sich alle fünf Jahre grundlegend, und das immer mit viel Kraftaufwand. Ich dachte immer, wenn wir noch dieses eine Ziel erreicht haben, können wir endlich an unserer Beziehung, unseren ideellen Gemeinsamkeiten als Ehepaar und der Ausgestaltung eines guten Familienlebens arbeiten.

In dieser Zeit verlor ich alle meine eigenen Grundsätze, Werte und Ziele aus den Augen. Aber ich ersetzte sie durch keine eigenen neuen oder gar durch welche, die ich gemeinsam mit meinem Mann neu bestimmt hatte. Ich passte mich meinem Mann an und reagierte nur. In dieser Zeit wusste ich nur, was ich nicht wollte. Auf jeden Fall wollte ich es nicht so wie meine Eltern machen.

Mein Verhältnis zu meinen Eltern wurde nach der Geburt meines ersten Kindes, nach 12 Jahren Ehe, immer distanzierter. Es wurde von häufig sich wiederholenden extremen Streitigkeiten mit meiner Mutter begleitet. Sie missbilligte es offen, dass ich ein Jahr nach der Geburt meines ersten Kindes wieder zu arbeiten anfing. Sie meinte, dies sei unverantwortlich gegenüber den Kindern. Sie sagte, sie würde nur meine Kinder betreuen, wenn es ihr Spaß machen würde. Sie wolle uns nicht dabei unterstützen, in Luxus zu leben. Das sollten wir schon allein bewerkstelligen. Meiner Meinung nach kam sie viel zu selten, um aus Freude an den Enkeln mit ihnen Zeit zu verbringen. Ich warf ihr das oft vor und bestrafte sie mit den gleichen Mitteln, wenn ich etwas tat, was sie missbilligte.

Ich mied sie und behandelte sie sehr kühl und schroff.

Nach 25 Jahren Ehe trennte sich mein Mann von mir.

Rückblickend muss ich erkennen, dass ich mit der Wahl meines Ehemanns und der Form meiner Ehe in viele Fußstapfen meiner Eltern getreten bin, besonders in die meiner Mutter.

Leider habe ich in der Zeit meiner Ehe unsere Kinder in vielen Bereichen genauso erzogen wie meine Mutter mich. Ich verhielt mich sehr kühl und distanziert, wenn meine Kinder nicht so handelten, wie ich es für richtig hielt. Ich bemerkte dies zwar schnell mit Bestürzung, konnte aber in den entsprechenden Situationen oft nicht über meinen Schatten springen.

Mein Mann und ich berücksichtigten nur selten die Bedürfnisse unserer Kinder. Wir waren zu beschäftigt mit der Verwirklichung unserer Fünfjahrespläne.

Unser Freundeskreis war zwar groß, doch spielten deren Kinder keine Rolle, da diese schon viel älter waren als unsere. Bei der familiären Freizeitgestaltung richteten wir uns überwiegend nach uns selbst und unseren Freunden. Die kindlichen Wünsche unserer Kinder wurden dabei wenig berücksichtigt.

Dafür wurden sie mit Eindrücken, die ihre Allgemeinbildung förderten, überhäuft.

Meine Kinder sind in ihrem noch kurzen Leben sehr oft umgezogen. Auch hier wirkt sich bis heute ein für sie unfreiwilliger Fünfjahresrhythmus auf ihr Leben aus.

Ich werde mir erst jetzt bewusst, was für sie die Scheidung ihrer Eltern und unser Umzug dreißig Kilometer weg von ihrer gewohnten Umgebung bedeutet hatte.

Ich selbst brauchte diese räumliche Distanz, denn ich hatte kein Selbstbewusstsein mehr. Ich empfand meinen Mann als unberechenbar und bedrohlich.

Viele Jahre unserer Ehe verbrachten wir mit gegenseitiger Unaufrichtigkeit und zerstörerischen Kämpfen um Macht, Anerkennung und gegenseitigen Respekt. Es waren keine fairen Kämpfe. Jedes Vertrauen zueinander ist früh verloren gegangen.

Und genau in diesem Sinn endete auch unserer Ehe. Ich zog materiell den Kürzeren und begann wieder bei null.

Auch die Kämpfe in unserer Ehe folgten vielen mir bekannten Mustern, die ich als Beobachterin meiner Eltern aus meiner Kindheit nur zu gut kannte. Ebenso erkenne ich mit großem peinlichen Erstaunen eine mir nur zu gut bekannte Haltung wieder. Ich habe mich oft unbewusst sehr überheblich gegenüber meinem Mann und gegenüber vielen Menschen verhalten.

4. *Zehn Jahre nach meiner Scheidung*

Diese Zeit habe ich gebraucht, um aus meiner Opferrolle herauszukommen und um zu lernen, wie ich agieren und wie ich Verantwortung für mein Leben übernehmen kann.

Ich hatte eine große Wut auf meine Eltern und sprach zuletzt über ein Jahr nicht mehr mit ihnen. Ihr Verhalten löste bei mir Verhaltensweisen aus, bei denen ich nur reagierte, nicht agierte.

Die ungerechte Scheidung schmerzte noch viele Jahre und erzeugte große Angst in mir. Ganz besonders deshalb, da ich auch hier, wie zu Kinderzeiten, eine extreme Hilflosigkeit spürte und mich schon wieder der Willkür eines anderen Stärkeren ausgeliefert sah.

Ich freue mich, dass ich mein Verhältnis jetzt zu meinen Kindern so gestalten kann, wie ich es mir wünsche. Wenn alte, tief vergrabene Muster wieder die Oberhand gewonnen haben, schaffe ich es, mich davon zu distanzieren und offen mit meinen Kindern nach neuen, gemeinsamen Wegen zu suchen.

Achtung, Respekt, Wärme und Liebe bestimmen jetzt unsere Beziehung.

Ich bin dankbar, dass sie nicht die gleiche Wut auf mich entwickelt haben wie ich auf meine Eltern.

Lange war ich überzeugt, als Mutter, als Ehefrau und als Lehrerin versagt zu haben. Ich sah in dem Neubaugebiet, in dem ich wohne, mit all diesen neuen stylischen Eigenheimen und den jungen Familien den scheinbaren Inbegriff eines erfolgreichen Lebens.

Jetzt endlich entwickle ich langsam eine unabhängige Selbstwahrnehmung und ein Selbstbewusstsein, das es mir möglich macht, eigene Wertmaßstäbe und Ziele zu entwickeln.

Mein oben genannter Leitsatz gilt nicht mehr.

Ich bin als 60-jährige Frau auf der Suche nach neuen Leitsätzen.

Ich bin gespannt, welche das sein werden.

5. Mir darf es gut gehen – auch wenn ich nicht funktioniere
Mein Weg zur Selbstakzeptanz
Cornelia Paul, geb. 1971

Wenn mich ein Gefühl aus meiner Jugend, meine Familie betreffend, bis ins Erwachsensein begleitet, ist es vorwiegend das Gefühl der Ambivalenz zwischen dem Funktionierenmüssen und dem Wunsch, auszubrechen und etwas zu finden, was mir wirklich guttut.

Wirklich getraut, meinen eigenen Weg zu finden, habe ich mich erst nach dem Tod meines Vaters und nach einem Totalzusammenbruch, welcher mit einem mehrwöchigen Klinikaufenthalt verbunden war.

Mein Vater sollte zeitlebens das Familienerbe wahren. Sein Vater, der Staatsbaumeister, der ein wichtiges Gebäude mithilfe jüdischer Zwangsarbeiter errichten ließ (oder errichten lassen musste? Ihn konnte ich nie fragen), hatte für ihn vorgesehen, dass er ebenfalls Architekt wird und Karriere macht. Mein Großvater kam den Erzählungen meines Vaters nach sehr verändert und hoch traumatisiert aus der russischen Gefangenschaft zurück und duldete keine eigensinnigen Entscheidungen seiner Söhne. Im Laufe meines Lebens spürte ich immer wieder, dass mein Vater lieber einfacher gelebt hätte und seinen Neigungen nachgegangen wäre, wie zu musizieren oder mit Holz zu arbeiten, auch das Schreinern interessierte ihn. Ich vermute, er glaubte, er sei mehr wert, wenn er etwas Besonderes leiste, und er hatte wahrscheinlich die Prägung seiner Eltern, dass nur ein erfolgreiches Leben Sicherheit bietet, verinnerlicht.

Ich denke, an diesem Korsett ist mein Vater im Laufe seines Lebens zerbrochen, und dieses Korsett haben meine Eltern zunächst in ihrer Erziehung an mich weitergegeben.

Ich wurde in meiner Kindheit häufig mit den rigiden Erziehungsmethoden meiner Großmutter konfrontiert, die mir vermittelte, dass man etwas leisten muss. Einfach Spaß an etwas zu haben, nur auf dem Klavier zu improvisieren, war zu wenig – es sollten Etüden geübt werden. Wenn ich als Kleinkind schrie (und scheinbar war ich zum Teil ein Schreikind), war es in ihren Augen auch in Ordnung, mich zu schlagen, was sie auch zum Teil tat (es ist alles wie im Nebel aus dieser Zeit). »Ein Klaps hat noch niemandem geschadet«, war in unserer Familie ein Statement, welches die Mehrheit über lange Zeit hin postulierte. Gleichzeitig war meine Großmutter wohl auch eine Frau, die als Halbelsässerin nicht nur nazitreu agiert hatte, sondern es auch wagte, als Frau Anfang des 20. Jahrhunderts vor ihrer Heirat zu studieren. Sie tanzte gerne, und ich konnte mich bei ihr verkleiden und habe mit meiner Cousine oft bei ihr gespielt. Da mir im Kontakt mit ihr emotional viel fehlte, was mich zunehmend stresste (ich durfte es ihr aber nicht zeigen, denn Kritik war nicht erwünscht), habe ich nur vage Erinnerungen und weiß vieles nur vom Hörensagen. Ich bedaure, dass ich zu ihren Lebzeiten nicht den Mut hatte, sie nach ihrer Geschichte zu fragen. Ob sie mir diese erzählt hätte, ist unklar. Sie war sehr stolz und wahrscheinlich ebenfalls traumatisiert.

Ich galt als schwieriges, aber fantasievolles Kind, spätestens in der Schulzeit sollte ich funktionieren. Es gab auch Spielräume für Fantasie, meine Eltern waren insbesondere vor meiner Schulzeit sehr einfallsreich und lasen mir oft vor, erzählten Geschichten. Doch mein Vater musste Karriere machen, wie er glaubte, und er konnte sich selten leisten zu tun, was er mochte, und wirkte zunehmend angespannt, konnte sich nicht gut in beruflichen und privaten Konfliktsituationen abgrenzen oder beruhigen. Anfangs halfen ihm die Wanderungen mit meiner Mutter im Wald dabei, doch irgendwann genügten sie nicht mehr. Zudem forderten Nikotin- und Alkoholkonsum ihren Tribut. (Ich glaube, das waren Relikte aus der Erziehung seiner Eltern, die vermittelten, dass man stark sein müsse und durchhalten soll, egal um welchen Preis.)

Ich kam mir oft so verloren vor in einer Familie, die sich häufig mit Alkohol die Spannungen wegtrank und so die Illusion partieller Befreiung aus ihrem Korsett feierte. Es wurde viel gegessen und getrunken, es war für sie normal, man war ja Pfälzer, man wollte das Leben genießen. Dennoch wirkte die Heiterkeit oft künstlich auf mich. Ich war lange Zeit sehr dünn, obwohl ich auch viel aß. Ich war häufig überreizt und müde, blockierte doch eine unentdeckte Zöliakie, die wirkliche Aufnahme der Nahrung in meinem Darm.

Mein Vater bekam Depressionen und Herzattacken, Zusammenbrüche und eruptive Wutausbrüche, ich sollte ihn schonen. Ich sollte mich nicht so wichtig nehmen.

Als Jugendliche wollte ich nur weg, habe versucht, durch diese Wand aus Selbstbetrug ein Loch zu schlagen, und war zunächst das schwierige Kind, das rebellierte und dadurch seine Eltern zusammenschweißte. Sie konnten nicht anders, waren Kinder ihrer Zeit, haben versucht, mich nicht im Stich zu lassen und toleranter zu werden. Man durfte in ihrer Welt nicht wirklich schwach sein, aber auch keine wütenden Gefühle zeigen. Das wurde als krank gebrandmarkt, das hat man ihnen aberzogen. Mein Vater versuchte, sich Zuwendung von meiner Mutter zu holen in seinen depressiven Phasen, sie hielt das schlecht aus und war in ihrem Verhalten ihm gegenüber hin- und hergerissen zwischen Durchhalteparolen, Strenge und Mitleid. Ich wechselte zwischen ausgleichendem Verhalten, indem ich eine Elternseite verteidigte, und Rebellion. Ich sollte mich zurücknehmen, sollte mich beruflich etablieren.

Ich hatte Angst wegzugehen, etwas Eigenes zu versuchen. Ich wollte es schon, hatte aber immer das Gefühl, es nicht zu schaffen, nicht so sein zu dürfen, wie ich möchte. Auch befürchtete ich, nicht die Abhängigkeit von meinen Eltern beenden zu dürfen, meine Eltern nicht verlassen zu dürfen. Deshalb entwickelte ich Trennungsängste, als ich studierte. Mein durch eine unentdeckte Zöliakie und die nicht erlernte Selbstregulation bei Stress gebeuteltes Immunsystem schien mir ständig zu signalisieren, dass ich ohnehin zu schwach und kränklich sei für ein eigenes, unabhängiges Leben. Dennoch habe ich studiert und eine Ausbildung später draufgesetzt und habe eine Zeit lang die Abteilung für Musiktherapie in einer Klinik allein geführt. Parallel wollte ich als Sängerin durchstarten, was sehr anstrengend war. Denn ich war sehr unsicher, und ich spürte meinen Körper nicht gut und war sehr abhängig von der Aufmerksamkeit meines Publikums, weil ich damit mein Gefühl der Wertlosigkeit kompensieren wollte. Das führte auch zu Kauf- und Internetsucht, Schlafstörungen und irgendwann zum Totalzusammenbruch. Zuvor habe ich immer versucht, nach außen hin die tolle, funktionierende Kollegin zu sein (so wie ich erzogen wurde), aber innendrin war ich sehr müde. Irgendwann konnte ich diese Illusion nicht mehr aufrechterhalten.

Frau Dautel erzählte in der Selbsterfahrungsgruppe immer wieder von den Schuldkomplexen der Nachkriegskinder und Kriegsenkel ihren Eltern gegenüber. Anfangs hatten wir in der Gruppe eine Teilnehmerin, ein Kriegskind, die behauptete, unsere Generation habe es doch gut, wir seien doch materiell versorgt, hätten die Wahl, was wir werden möchten. Oberflächlich betrachtet mag das so sein.

Es gibt Forschungen, die belegen, dass transgenerational neurologische Muster von unseren Großeltern und Eltern an uns weitergegeben werden. Diese hinterlassen in uns Spuren des Stresses, der durch die Kriegstraumata entstanden ist, und führt dazu, dass wir uns in aktuellen Stresssituationen schneller überreizt fühlen oder weniger handlungsfähig sind. Diese Erklärungen von Frau Dautel entlasteten mich, wie auch ihr Mantra an die Teilnehmer »Es darf Ihnen gut gehen«.

Dadurch wurde mir klar, dass meine Überreiztheit in meiner Kindheit und Jugend – ich wusste nicht, wie man sich anders beruhigt als durch Essen oder Fernsehen – damit zusammenhing, dass ich von meinen Eltern nicht lernen konnte, mich zu beruhigen, mit Stress umzugehen oder mich davon abzugrenzen. Es war meinen Eltern nicht möglich, sich den Belastungen aus ihrer Kindheit, welche durch Traumata der Großeltern mit hervorgerufen waren, und deren Auswirkung auf ihr jetziges Leben bewusst zu machen. Auch sie waren schnell überspannt und überreizt, insbesondere mein Vater.

Ich habe durch viele Therapien und noch mehr durch Yoga und Körpertherapie ein Bewusstsein für mich und mehr Möglichkeiten zur Selbstregulation erlernt. Ich habe mich trotz Teilbehinderung selbstständig im Kunst- und Kulturbereich gemacht. Seit meinem Burn-out versuche ich mehr dazu zu stehen, dass ich gute Arbeit ohne Festanstellung leisten kann, auch wenn ich maximal vier Stunden am Tag schaffe – manchmal auch weniger – und mehr Pausen zur Selbstregulation benötige als andere. Ich lerne meine Lebendigkeit zu spüren und darf sie für mich einsetzen. Mir dafür den Raum zu nehmen, gelingt mir nicht immer. Ich habe wiederholt Phasen der Angst und vertraue mir noch nicht hundertprozentig – als erwarte mich eine Strafe, weil ich mich der Familientradition entzogen habe und zunehmend mein Leben nach meinen Vorstellungen lebe.

Meine Mutter und ich begegnen uns mittlerweile mehr auf Augenhöhe. Sie hat meinen Weg akzeptiert und unterstützt mich auf ihre Weise. Das hat es mir in der unsicheren Übergangszeit in die berufliche Selbstständigkeit erleichtert, den Neuanfang zu wagen. Ich erwarte weniger, dass sie bestimmte Gefühle von mir versteht, freue mich aber über das, was wir uns teilen können: Spaziergänge, Fernsehabende, ab und zu Kultur. Seit ich weniger Angst habe, ihr nicht zu genügen, und mich mit Yoga, Körperwahrnehmungsübungen und Imaginationen besser beruhigen kann, kann ich ihre liebevollen Gefühle besser spüren, und ich kann ihr mehr von meiner Liebe zeigen. Zuvor lebte ich mehr in dem Gefühl der Bedürftigkeit, endlich an der Reihe zu sein, von ihr geliebt zu werden, so wie ich bin (zu Lebzeiten stand der Vater häufig im Vordergrund, insbesondere in seinen letzten Lebensjahrzehnten).

Ich kann mir mittlerweile selbst etwas Geborgenheit gönnen. Dennoch reagiere ich immer noch sehr empfindlich auf verdeckte Schuldzuweisungen meiner Mutter, die in schwachen Momenten mir manchmal noch vermittelt, ich hätte Mitschuld an der schwierigen Situation meines Vaters damals, und die lieber eine »normale« Tochter mit 40-Stunden-Stelle hätte, notfalls auch in Abhängigkeit von Medikamenten. Es ist eine Herausforderung für mich, mich in solchen Fällen von ihr abzugrenzen. Ich habe dann Angst, wieder allein zu sein, und laufe Gefahr, mich wertlos zu fühlen.

Es gibt unterschiedlich alte Entwicklungsstufen in uns, die inneren Kinder, welche uns meist in unseren unbewussten Reaktionen daran erinnern, was dem Kind oder der Jugendlichen damals so stark gefehlt hat und weshalb wir als Erwachsene immer noch um etwas betteln, was wir uns als Kind gewünscht haben, und dadurch manche aktuellen Beziehungen überfrachten. Und ich lerne schrittweise durch die Wahrnehmung dieser Kinder, die von meinem Erwachsenen-Ego an die Hand genommen werden, was in mir noch unterentwickelt ist. In der Selbsterfahrungsgruppe üben wir, die inneren Kinder an der Hand zu nehmen und ihnen klarzumachen, dass unser erwachsener Anteil für sie da ist, die Situation bewältigen kann und ihnen hilft, sich geborgener zu fühlen.

Ich muss leider noch aufpassen, dass ich nicht in das Muster zurückfalle, etwas leisten zu müssen, um mich wertvoll zu fühlen oder mein Verhalten total auf die unausgesprochenen Erwartungen anderer auszurichten. »Du musst nicht kämpfen, um geliebt zu werden.« Das hat mir eine Freundin gesagt, und das ist hilfreich, ebenso der Satz aus einem Ratgeber: »Du bist vollkommen, so wie du bist.«

Momentan kann ich mein Leben wieder mehr genießen, ich tanze in meiner Freizeit und beginne vorsichtig, wieder zu singen. Diesmal versuche ich meine Stimme unabhängiger vom Feedback anderer wahrzunehmen.

Beim Schreiben dieses Textes spürte ich teilweise starke Schmerzen im Bein, Ängste, Schwindelanfälle. Ich bin mir sicher, sie sollen mich an das Tabu meiner Familie erinnern, nichts von ihrer Krise nach draußen dringen zu lassen, die perfekte Familie darzustellen. Oder das Credo meiner Großmutter: »Wie's da drinnen aussieht, geht keinen was an.« Es tut mir einerseits leid, nicht zu gehorchen, aber ich bin dabei zu lernen, dass mir diese Ängste und Schmerzen als erwachsener Mensch nicht mehr so viel anhaben können wie zuvor. Mir darf es gut gehen.

Vielleicht kann dieser Text anderen helfen, sich mit den körperlichen und seelischen Folgen der Kriegstraumata unserer Großelterngeneration auf ihr Leben auseinanderzusetzen. Es ist ein langer Weg, bei dem man viel Geduld benötigt, aber es lohnt sich! Seit ich daran arbeite, kann ich das Leben endlich etwas mehr in seiner Fülle spüren.

Danksagung

Ich danke sehr herzlich Frau Dr. C. Treml, meiner Lektorin vom Klett-Cotta Verlag, die mich einfühlsam und mit großem Sachverstand durch dieses neue »Gelände« des Buchschreibens geleitet hat. Ihrer Hilfestellung, »auf dem Weg zu bleiben«, ist es zu verdanken, dass nun ein sehr logischer Aufbau des Buches vorliegt mit vielen verständlichen Beispielen, die es einem hoffentlich breiten Lesepublikum ermöglichen, dieses Buch gern zu lesen.

In der Vergangenheit haben mir den Rücken gestärkt: Die Psychoanalytiker und Supervisoren Dr. B. Kafka-Huber, Professor W. Münch, mein Aufstellungslehrer G. Dietrich Weth sowie Frau Professor Luise Reddemann, die mir zu etwas mehr Bescheidenheit und Demut verholfen hat. Allen sei herzlich gedankt.

Maßgeblich zum Buch selbst beigetragen hat mein Kollege und brüderlicher Freund, Diplom-Psychologe und psychologischer Psychotherapeut Johann Linnemann, von dem nicht nur die Anregung der Puzzle-Metapher stammt, sondern der mit mir auch auf sehr angenehme Weise das Gespräch (statt eines Vorworts) über das Buch durchgeführt und mir bei der Ordnung einiger Buchteile sehr beigestanden hat. Herzlichen Dank!

Korrektur gelesen in einzelnen Teilen haben auch die Kinder- und Jugendlichentherapeutin Bärbel Benzel und die Freundinnen und Kolleginnen Elisa Sadeghi und Andrea Patschovsky, wofür ich mich herzlich bedanke.

Menschliche Unterstützung und viel Interesse und Freude an dem Fortgang des Buches habe ich erfahren von der Freundin Ursula Kotyza sowie vom Freund Erwin Engelhardt, dessen Steinheilkunde und Liebe zum guten Essen mich immer wieder sehr entspannt. Auch der grüne, magenverträgliche Kaffee meiner Odenwälder Freundin Heidrun Koch hat sehr zum Gesundbleiben, Durchhalten und Wachbleiben beigetragen – Danke schön allen!

Dem Michelstädter Buchhändlerehepaar Frau Schindelhauer-Kaufmann und Herrn Kaufmann sei herzlich gedankt für die Zusammenstellung der Literaturliste zu diesem Themenbereich, für Adressenfindungen und einfach dafür, immer ansprechbar zu sein für aktuelle Anliegen und Buchbestellungen – eine großartige Versorgung vor Ort, die uns hoffentlich noch lange erhalten bleibt!

Genauso wichtig waren mir die Computerfachleute der Erbacher Firma Herbig und Danijel Milic, die nicht nur mich »Digital Immigrant« bei dem selbst verursachten Computerabsturz vor einem Herzinfarkt bewahrt, sondern auch meine nicht weitergehend gesicherten Daten für das Buch gerettet haben …

… und auch »meiner« Friseurin Renate Berger, die immer super für mein Wohlbefinden sorgt, vielen Dank!

Allen Gruppenteilnehmerinnen der ganzen Jahre danke ich von Herzen, dass ich so vieles von ihnen erfahren, anbieten und lernen durfte – sehr dankbar bin ich für die feinen Arten von Liebe, die wechselseitig in unseren Gruppen entstehen durften und dürfen.

Das Buch wurde letztes Jahr im April in der »Camphill Community Clanabogan« in Nordirland begonnen, in der fünf Generationen mit Menschen mit »speziellen Bedürfnissen« (ehemals »Behinderte«) zusammen leben und arbeiten.

Es wurde auch hier vollendet.

Hier danke ich allen für die selbstverständliche und freundliche Weise, mich zeitweise mit aufzunehmen, neben meiner Mithilfe mich auch einfach schreiben zu lassen mit Blick auf eine wundervolle grüne und gesunde Landwirtschaft, die hier biologisch-dynamisch bewirtschaftet wird.

Insbesondere danke ich den im »House Sunrise« lebenden »Villagern«, der Managerin des Gesamtprojekts Peggy Faulhaber und stellvertretend für alle Mitarbeiterinnen Marcella und Irene für alle Formen von Unterstützung und Interesse!

Prince und Mira, die beiden Therapiehunde des Hauses, haben auch mich mit dem täglichen Gang entlang des Flusses gut in Bewegung gehalten!

»Last but not least« danke ich von Herzen Anja, die seit 30 Jahren mit ihrer einzigartigen Liebe dieses Haus leitet, für alles!

Michelstadt, im März 2019

Bildnachweise

1	»Flucht und Vertreibung« von Lisa Klauk	Seite 57
2	»Geboren im Krieg« von Sophie Brandes mail@sophie-brandes-art.de	Seite 71
3	»Resilienz« (privat)	Seite 123
4	»Behaust – Unbehaust II« von Sophie Brandes	Seite 126

Textnachweis

Für die freundliche Abdruckgenehmigung des Zitats von Christa Wolf, Kindheitsmuster, auf S. 18, bedanken wir uns beim Suhrkamp Verlag, Berlin.

Anschrift der Autorin

Ich freue mich auf Resonanz von Leserinnen und Lesern:
Ingrid.Dautel@t-online.de
www.ingriddautel.de

Literatur

nach Themen geordnet:

1. Überblickswerke zu den drei Generationen

Alberti, B. (2010): Seelische Trümmer: Geboren in den 50er- und 60er-Jahren. Die Nachkriegsgeneration im Schatten des Kriegstraumas. 8. Auflage. Kösel: München

Althaus, U. (2006): Krieg im Kinderzimmer. Psychogramm eines Nazitäters. In: Janus, L. (2006): Geboren im Krieg. 2. Auflage 2012. S. 265

Bode, S. (2004): Die vergessene Generation – die Kriegskinder brechen ihr Schweigen. TB-Ausgabe 2011. Piper: München

Bode, S. (2009): Kriegsenkel – die Erben der vergessenen Generation. 8. Auflage 2011. Klett-Cotta: Stuttgart

Bode, S. (2010): »German Angst« oder was vom Krieg übrig blieb – Die langen Schatten der deutschen Vergangenheit. DVD Auditorium Netzwerk: Mühlheim/Baden

Bode, S. (2015): Nachkriegskinder – die 1950-Jahrgänge und ihre Soldatenväter. 5. Auflage. Klett-Cotta: Stuttgart

Heinl, P. (2006): Maikäfer flieg, dein Vater ist im Krieg. Seelische Wunden aus der Kriegskindheit. 5. Auflage 2006. Kösel: München

Keller, M. (2018): Emotionales Erbe. *Der Spiegel 51,* S. 106–114: Hamburg

Kuwert, P. & Eichhorn, S. (2011): Das Geheimnis unserer Großmütter – eine empirische Studie über sexualisierte Kriegsgewalt um 1945. Psychosozial: Gießen

Meyer-Legrand, I. (2018): Die Kraft der Kriegsenkel. Wie Kriegsenkel heute ihr biographisches Erbe erkennen und nutzen. 2. Auflage 2018. Europa-Verlag: Berlin – München – Zürich – Wien

Radebold (2010): Abwesende Väter und Kriegskindheit – alte Verletzungen bewältigen. 3. Auflage 2010. Klett-Cotta: Stuttgart

Schlesinger-Kipp, G. (2012): Kindheit im Krieg und Nationalsozialismus – Psychoanalytiker erinnern sich. Psychosozial-Verlag: Gießen

Schneider, M. & Süss, J. (Hrsg.) (2015): Nebelkinder – Kriegsenkel treten aus dem Traumaschatten der Geschichte. Europa-Verlag: Berlin – München – Zürich – Wien

Ustorf, A. (2013): Wir Kinder der Kriegskinder. 5. Auflage 2013. Herder: Freiburg

2. NS-Vergangenheit, Verfolgung, Holocaust und Krieg

Chamberlain, S. (1997): Adolf Hitler, die deutsche Mutter und ihr erstes Kind. Über zwei NS-Erziehungsbücher. 4. Auflage 2003. Psychosozial-Verlag: Gießen

Eger, E. (2017): Ich bin hier, und alles ist jetzt. Warum wir uns jederzeit für die Freiheit entscheiden können. Btb: München

Frankl, V. (2005): Trotzdem Ja zum Leben sagen – ein Psychologe erlebt das KZ. 9. Auflage 2017. Kösel: München

Huber, F. (2015): Kind, versprich mir, dass du dich erschießt. Der Untergang der kleinen Leute 1945. 5. Auflage 2015. Berlin-Verlag: Berlin

Wiesse, J., Olbrich, E. (1994): Ein Ast bei Nacht kein Ast – Seelische Folgen der Menschenvernichtung für Kinder und Kindeskinder. Vandenhoeck & Ruprecht: Göttingen

3. Vertreibung und Flucht

Friesen, A. v. (2006): Der lange Abschied. Psychische Spätfolgen für die 2. Generation deutscher Vertriebener. 3. Auflage 2006. Psychosozial-Verlag: Gießen

Hopf, H. (2017): Flüchtlingskinder gestern und heute. Klett-Cotta: Stuttgart

Kossert, A. (2008): Kalte Heimat – Die Geschichte der deutschen Vertriebenen nach 1945. 4. Auflage 2009. Pantheon/Siedler: München

Pflüger, P. (Hrsg.) (1991): Abschiedlich leben. Umsiedeln – Entwurzeln – Identität suchen. Walter: Olten

4. Literarische und verfilmte Verarbeitungen des Themas

Begley, L. (1997): Lügen in Zeiten des Krieges. Suhrkamp: Frankfurt am Main

Bergman, I. (1975): Szenen einer Ehe. Hoffmann & Campe: Hamburg

Geiger, A. (2018): Unter der Drachenwand. Hanser: München

Grahame, K. (2004): Der Wind in den Weiden. In: Reddemann, L.: Überlebenskunst. 8. Auflage 2016, S. 153. Klett-Cotta: Stuttgart

Hahn, U. (2017): Wir werden erwartet. 2. Auflage 2017. Deutsche Verlags-Anstalt: München

Haneke, M. (2009): Das weiße Band. Eine deutsche Kindergeschichte. 2009. Filmpreis: Cannes

Krechel, U. (2012): Landgericht. Jung und Jung: Salzburg

Ortheil, H. J. (2005): Abschied von den Kriegsteilnehmern. Btb: München

Ortheil, H. J. (2011): Die Erfindung des Lebens. Btb: München

Wolf, C. (1976): Kindheitsmuster. 4. Auflage 1978. Luchterhand: Darmstadt und Neuwied

5. Traumaforschung/-therapie und transgenerationale Weitergabe von Traumata

Alberti, B. (2005): Die Seele fühlt von Anfang an. 9. Auflage 2018. Kösel: München

Alberti, B. (2013): Vorwort. In: Battke, K. (S. 13): Trümmerkindheit. Kösel: München

Bachhofen, A. (2012): Trauma und Beziehung. Grundlagen eines intersubjektiven Behandlungsansatzes. Klett-Cotta: Stuttgart

Baer, U., Frick-Baer, G. (2015): Kriegserbe in der Seele. Was Kindern und Enkeln der Kriegsgeneration wirklich hilft. Beltz: Weinheim

Bauer, J. (1995): Warum ich fühle, was du fühlst. Hoffmann & Campe: Hamburg

Blazy, H. (2011): Auf Spurensuche – Vererbung ist mehr als die Summe der Gene. In: Janus I, S. 28

Böhmer, M. u. a. (2016): Ich fühle mich zum ersten Mal lebendig – traumasensible Unterstützung für alte Frauen. Mabuse: Frankfurt am Main

Bollas, C. (2014): Der Schatten des Objekts. Das ungedachte Bekannte. Zur Psychoanalyse der frühen Entwicklung. 4. Auflage 2014. Klett-Cotta: Stuttgart

Boss, P. (2006): Verlust, Trauma und Resilienz. Klett-Cotta: Stuttgart

Brisch, K. H. u. a. (2005): Intergenerative Bindungen, Trauma und Dissoziation: Ursachen, Therapie und Prävention. In: Huber, M. II, S. 99 ff.

Charf, D. (2018): Auch alte Wunden können heilen. Wie Verletzungen aus der Kindheit unser Leben bestimmen und wie wir uns davon lösen können. 2. Auflage 2018. Kösel: München

Dowling, T. (2011): »Sergeant Peppers Lonely Hearts Club Band« – Auswirkungen des Krieges auf ungeborene Kinder. In: Janus I, S. 254

Drexler, K. (2017): Ererbte Wunden heilen. Klett-Cotta: Stuttgart

Ermann, M. (2004): Wir Kriegskinder. In: Reddemann, L. (2015): S. 119

Fischer, C. J., Struwe u. a. (2006): Langfristige Auswirkungen traumatischer Ereignisse auf somatische u. psychische Beschwerden. *Nervenarzt 77*, S. 58–63

Fischer, G., Riedesser, O. (1998): Lehrbuch der Psychotraumatologie. Ernst Reinhardt: München/Basel

Huber, M. (2012): Trauma und die Folgen. Trauma und Traumabehandlung. (= Huber I): 5. Auflage 2012: Junfermann: Paderborn

Huber, M. & Plassmann, R. (2012): Transgenerationale Weitergabe (= Huber II): Junfermann: Paderborn

Huber-Schaffrath, R. (2011): Annas Geschichte – Beziehungsaufträge der Eltern an das ungeborene Kind. In: Janus I, S. 88 ff.

Janus, L. (2006): Geboren im Krieg. Kindheitserfahrungen im 2. Weltkrieg und ihre Auswirkungen. 2. Auflage 2012. Psychosozial-Verlag: Gießen

Janus, L. (2011): Wie die Seele entsteht. Unser psychisches Leben vor, während und nach der Geburt (= Janus II). 2. Auflage 2011. Mattes: Heidelberg

Janus, L. & Levend, H. (2011): Bindung beginnt vor der Geburt (= Janus I). Mattes: Heidelberg

Kolk, B. v. d. (2017): Verkörperter Schrecken – Traumaspuren in Gehirn, Geist und Körper und wie man sie heilen kann. 4. Auflage 2017. G. P. Probst: Lichtenau/Westfalen

Kuwert, P. (2017): Auswirkungen von Flucht und Vertreibung, *Vortrag bei den Lindauer Psychotherapiewochen 2017*

Lyons-Ruth, K. (1996): Attachment relationships among children with aggressive behavior problems. In: Huber II, S. 113 ff.

Maercker, A. u. a. (2013): Posttraumatische Belastungsstörungen. 4. Auflage 2013. Springer: Berlin/Heidelberg

Moore, M. S. (2019): »Ich staune vor allem, dass ich noch am Leben bin.« In: Pham, K.: *ZEIT-Magazin 14*, 2019, S. 40 – 47, Hamburg

Peichl, J. (2013): Innere Kritiker, Verfolger und Zerstörer. 4. Auflage 2015. Klett-Cotta: Stuttgart

Radebold, H. u. a. (2008): Transgenerationale Weitergabe kriegsbelasteter Kindheiten. Interdisziplinäre Studien zur Nachhaltigkeit historischer Erfahrungen über vier Generationen. 2. Auflage 2009. Juventa: Weinheim und München

Rauwald, M. u. a. (2013): Vererbte Wunden. Transgenerationale Weitergabe traumatischer Erfahrungen. Beltz: Weinheim/Basel

Reddemann, L. (2015): Kriegskinder und Kriegsenkel in der Psychotherapie. Klett-Cotta: Stuttgart

Reddemann, L. (2016): Imagination als heilsame Kraft. 19. Auflage 2016. Klett-Cotta: Stuttgart

Reddemann, L. (2008): Würde – Annäherung an einen vergessenen Wert in der Psychotherapie. Klett-Cotta: Stuttgart

Rosenthal, G. (1997): Der Holocaust im Leben von drei Generationen: Familien von Überlebenden der Shoah und von Nazi-Tätern. Psychosozial-Verlag: Gießen

Rost, C. (2008): Ressourcenarbeit mit EMDR. In: Bachhofen, A., 2012, S. 132

Rothschild, B. (2017): Der Körper erinnert sich – Die Psychophysiologie des Traumas und der Traumabehandlung. Synthesis: Essen

Schore, A. (2002): Dysregulation of the right Brain. In: Rauwald, M. (2013), S. 50

Seidel, M. (2012): Intergenerationelle Traumatisierung und Dissoziation – von der Schwarzen Pädagogik zur sicheren Bindung. In: Huber II, S. 127 ff.

Siegel, D. (2006): Wie wir werden, die wir sind. In: Huber I, S. 98

Spranger, H. (Hrsg.) (2006): Der Krieg nach dem Krieg – Spätfolgen bei traumatisierten Menschen. Dokumentation einer Tagung. 2006. Books on Demand: Norderstedt

Tedeschi, R. G. & Calhoun, L. G. (1995): Trauma and transformation. Growing in the aftermath of suffering. Thousand Oaks, CA: Sage

Trägerverbund Alter und Trauma (Hrsg.) (2016): Alter und Trauma – Das Lesebuch zum Projekt. Art & Image: Minden

Uexküll, Th. v. & Adler, R. (Hrsg.) (2011): Psychosomatische Medizin. 8. Auflage 2018. Urban & Fischer: Elsevier

Unfried, N. (2013): Psychische Entwicklung von Kindern und frühe Traumatisierung. In: Rauwald, M. (2013), S. 31

Zerres, K. (2011): Genetik. In: Uexküll, Th. v. & Adler, R. (Hrsg.): Psychosomatische Medizin, S. 49–60

Zöllner, T. u. a. (2006): Trauma und persönliches Wachstum. Psychotherapie der Posttraumatischen Belastungsstörung. Thieme: Stuttgart

6. Kreative Bewältigung von Traumata, Körperwahrnehmung und Resilienzstärkung

Battke, K. (2013): Trümmerkindheit – Erinnerungsarbeit und biographisches Schreiben für Kriegskinder und Kriegsenkel. Kösel: München

Bonanno, G. (2012): Die andere Seite der Trauer. In: Gielas, A. (2016): Hart im Nehmen. *Psychologie Heute*, April 2016, S. 31

Huber, M. (2005): Der innere Garten. Junfermann: Paderborn

Kast, V. (2007): Zurückblicken und nach vorne schauen – die Kraft des Lebensrückblicks. CD Auditorium Netzwerk: Mühlheim/Baden

Levine, A., Heller, R. (2015): Warum wir uns immer in den Falschen verlieben. Beziehungstypen und ihre Bedeutung für unsere Partnerschaft. Goldmann: München

Rodewald, R. (1977): Magie, Heilen und Menstruation. 1991. Frauenoffensive: München

Schneider, P., Schreiber, J. u. a. (2018): Selbst-Breema. Eigen-Verlag: Brühl/Baden

Walsh, F. (2006): Ein Modell familialer Resilienz und seine klinische Bedeutung. In: Welter-Enderlin, R. & Hildenbrand, B. (Hrsg.) (2006): Resilienz – Gedeihen trotz widriger Umstände. 2. Auflage 2008, S. 43. Carl-Auer Verlag: Heidelberg

Wellensiek, S. K. (2013): Fels in der Brandung statt Hamster im Rad – zehn praktische Schritte zu persönlicher Resilienz. Beltz-Verlag: Weinheim und Basel

7. Gesellschaftsanalyse/Psychoanalyse/Philosophie

Albes, J. (2019): Wo die Bundeswehr noch Atombomben lagert. In: *rnz* 9./10. 2. 2019, S. 20: Heidelberg

Assmann, A. (2017): Menschenrechte und Menschenpflichten. Auf der Suche nach einem neuen Gesellschaftsvertrag. Picus: Wien

Beck, U., Beck-Gernsheim, E. (1990): Riskante Freiheiten – Individualisierung in modernen Gesellschaften. Suhrkamp: Berlin
Bieri, P. (2015): Eine Art zu leben. Über die Vielfalt menschlicher Würde. Fischer TB: Frankfurt am Main
Bieri, P. (2011): Wie wollen wir leben? 6. Auflage 2015. dtv: München
Buber, M. (1977): Ich und Du. Lambert Schneider: Heidelberg
Greiner, L. (2018): So haben die Millenials die Arbeitswelt verändert. in: *spiegel online*, 1.3.2018: Hamburg
Gruen, A. (1986): Der Verrat am Selbst – die Angst vor Autonomie bei Mann und Frau. 3. Auflage 1986. dtv: München
Gruen, A. (2000): Der Fremde in uns. 2009. CD Auditorium Netzwerk: Mühlheim/Baden
Inglehardt, R. (1997): The Silent Revolution. Princeton University Press: New Jersey
Klages, H. u. a. (1995): Wertesynthese – funktional oder dysfunktional. *Kölner Zeitschrift für Soziologie u. Sozialpsychologie*, 58. Jg., 5, S. 332–351
Link, C. (2018): Der Junge muss an die frische Luft. Verfilmung der gleichnamigen Autobiographie von Kerkeling, H. (2014). Piper: München
Mausfeld, R. (2018): Warum schweigen die Lämmer? Westend-Verlag: Frankfurt am Main
Mausfeld, R. (2019): Warum schweigen die Lämmer? Vortrag im DAI, Heidelberg, 3.2.2019
Miller, A. (1983): Du sollst nicht merken. Suhrkamp: Frankfurt am Main
Mitscherlich, A. & Mitscherlich, M. (1967): Die Unfähigkeit zu trauern. Grundlagen kollektiven Verhaltens. Piper: München
Mitscherlich, M. (2010): Die Radikalität des Alters. 4. Auflage 2010. S. Fischer Verlag: Frankfurt am Main
Mörstedt, A.-B. (2019): Generation Z: Eine neue Herausforderung für die Unternehmen. Vortrag IHK 2019: Göttingen
Probst, M. (2019): Gretas Welt. In: DIE ZEIT 6, 2019, S. 59 ff.: Hamburg
Reddemann, L. (2008): Würde – Annäherung an einen vergessenen Wert in der Psychotherapie. Klett-Cotta: Stuttgart
Reif, M. K. (2019): Veteranen, Baby-Boomer, X, Y, Z und bald Alpha – die Generationen. Studie Marcus Reif: www.reif.org
Stangneth, B. (2016): Böses Denken. Rowohlt: Hamburg

8. Kommunikations- und Friedensforschung

Evers, T. (2000): Ziviler Friedensdienst – Fachleute für den Frieden. Idee, Erfahrungen, Ziele. Leske & Budrich: Opladen
Gordon, T. (1972): Familienkonferenz. Heyne: München
Massing, A. u. a. (1999): Die mehrgenerationale Familientherapie. 2006. Vandenhoeck & Ruprecht: Göttingen

Pásztor, S., Gens, K. D. (4. Aufl. 2011): Ich höre was, das du nicht sagst. Gewaltfreie Kommunikation in Beziehungen. Gewaltfrei leben. Junfermann: Paderborn

Rosenberg, M. B. (2011): Gewaltfreie Kommunikation. Eine Sprache des Lebens. 9. Auflage 2011. Junfermann: Paderborn

Schulz von Thun, F. (1981): Miteinander reden 1–3. 1998. Rowohlt: Hamburg

Thomas, C. A. (2003): Krieg beenden – Frieden leben. Ein Soldat überwindet Hass und Gewalt. Theseus: Berlin

Watzlawick, P. (1969): Menschliche Kommunikation – Formen, Störungen, Paradoxien. 12. Auflage 2011. Hogrefe: Bern

Watzlawick, P. (1983): Anleitung zum Unglücklichsein. Piper: München